Jean-Jacques Rousseau

DER GESELLSCHAFTS-VERTRAG

Jean-Jacques Rousseau

DER GESELLSCHAFTS-VERTRAG

oder Grundsätze des politischen Rechts

Aus dem Französischen von
Hermann Denhardt

Anaconda

Titel der französischen Originalausgabe:
Du contract social ou Principes du droit politique (Amsterdam 1762).
Die deutsche Übersetzung folgt der Ausgabe *Der Gesellschaftsvertrag oder die Grundsätze des Staatsrechtes* von J. J. Rousseau. Deutsch von H. Denhardt. Leipzig: Philipp Reclam jun. o. J. [ca. 1885].
Der Text wurde an einigen Stellen behutsam überarbeitet, Orthografie und Interpunktion wurden den Regeln der neuen deutschen Rechtschreibung angepasst. Die italienischen und lateinischen Zitate auf den Seiten 45, 63, 104, 116, 117 und 121 wurden für diese Ausgabe neu übersetzt von Matthias Hackemann, Wuppertal.

Die Deutsche Nationalbibliothek verzeichnet diese Publikation in der Deutschen Nationalbibliografie; detaillierte bibliografische Daten sind im Internet unter http://dnb.d-nb.de abrufbar.

Umschlagmotiv: Maurice Quentin de la Tour (1704–1788), »Portrait of Jean Jacques Rousseau«, Musée Antoine Lecuyer, Saint-Quentin/Giraudon/bridgemanart.com
Umschlaggestaltung: Druckfrei. Dagmar Herrmann, Köln
Satz und Layout: Roland Poferl Print-Design, Köln
Printed in Czech Republic 2012
ISBN 978-3-86647-745-2
www.anacondaverlag.de
info@anacondaverlag.de

Foederis aequas
Dicamus leges.

Virg. Aen. lib. XI. V. 321

INHALT

DRITTES BUCH

VIERTES BUCH

VORREDE

Diese kleine Abhandlung ist einem größeren Werk entnommen, welches ich einst ohne Rücksicht darauf, ob meine Kräfte dazu ausreichen würden, begonnen und schon längst hatte liegen lassen. Von verschiedenen Auszügen aus dem vollendeten Teil dieser Arbeit ist vorliegender der wichtigste und scheint mir am wenigsten unwert, dem Lesepublikum vorgelegt zu werden. Der Rest ist bereits vernichtet.

ERSTES BUCH

Ich beabsichtige zu untersuchen, ob es in der bürgerlichen Verfassung irgendeinen gerechten und sicheren Grundsatz der Verwaltung geben kann, wenn man die Menschen nimmt, wie sie sind, und die Gesetze, wie sie sein können. Bei dieser Untersuchung werde ich mich bemühen, stets das, was das Recht zulässt, mit dem zu vereinen, was das allgemeine Beste vorschreibt, damit Gerechtigkeit und Nutzen nicht getrennt werden.

Ich dringe in die Materie ein, ohne erst die Wichtigkeit meines Gegenstandes zu beweisen. Man wird mich fragen, ob ich Fürst oder Gesetzgeber sei, um berechtigt zu sein, über Politik zu schreiben. Ich antworte nein und schreibe gerade deshalb über Politik. Wäre ich Fürst oder Gesetzgeber, so würde ich nicht meine Zeit damit vergeuden, zu sagen, was man tun muss; ich würde es tun oder schweigen.

Einen wie geringen Einfluss auch die Stimme eines einfachen Bürgers, wie ich bin, der in einem freien Staat geboren ist und durch das allgemeine Stimmrecht Anteil an der Staatsgewalt hat, auf die öffentlichen Angelegenheiten haben mag, so genügt doch schon das bloße Recht, darüber abzustimmen, um mir die Pflicht aufzulegen, mich über sie zu unterrichten. Sooft ich über die Regierungen nachdenke, fühle ich mich glücklich, dass ich in meinen Forschungen stets neue Gründe finde, die Verwaltung meines Vaterlandes zu lieben.

1. KAPITEL

Inhalt des ersten Buches

Der Mensch wird frei geboren, und überall ist er in Banden. Mancher hält sich für den Herrn seiner Mitmenschen und ist trotzdem mehr Sklave als sie. Wie hat sich diese Umwandlung zugetragen? Ich weiß es nicht. Was kann ihr Rechtmäßigkeit verleihen? Diese Frage glaube ich beantworten zu können.

Würde ich nur auf die Gewalt und die Wirkungen, die sie hervorbringt, Rücksicht nehmen, so würde ich sagen: Solange ein Volk gezwungen wird zu gehorchen, so tut es wohl, wenn es gehorcht; sobald es sein Joch abzuschütteln imstande ist, so tut es noch besser, wenn es dasselbe von sich wirft, denn sobald es seine Freiheit durch dasselbe Recht wiedererlangt, das sie ihm geraubt hat, so ist es entweder befugt, sie wieder zurückzunehmen, oder man hat sie ihm unbefugterweise entrissen. Allein die gesellschaftliche Ordnung ist ein geheiligtes Recht, das die Grundlage aller übrigen bildet. Dieses Recht entspringt jedoch keineswegs der Natur; es beruht folglich auf Verträgen. Deshalb kommt es darauf an, die Beschaffenheit dieser Verträge kennenzulernen. Ehe ich dazu komme, ist es meine Pflicht, die eben aufgestellten Behauptungen zu begründen.

2. KAPITEL
Erste gesellschaftliche Vereinigungen

Die älteste und einzig natürliche Form aller Gesellschaften ist die Familie; obgleich die Kinder nur so lange mit dem Vater verbunden bleiben, wie sie seiner zu ihrer Erhaltung bedürfen. Sobald dieses Bedürfnis aufhört, löst sich das natürliche Band. Von dem Gehorsam befreit, den die Kinder dem Vater schuldig sind, und der Sorgfalt enthoben, zu der der Vater den Kindern gegenüber verpflichtet ist, kehren alle in gleicher Weise zur Unabhängigkeit zurück. Bleiben sie weiter in Verbindung, so ist das kein natürlicher Zustand mehr, sondern ein freiwilliges Übereinkommen; die Familie an sich hat nur durch Übereinkunft Bestand.

Diese gemeinsame Freiheit ist eine Folge der Natur des Menschen. Sein erstes Gesetz muss es sein, über seine eigene Erhaltung zu wachen; seine Hauptsorgen sind die, die er sich selbst schuldig ist, und sobald er zu dem Alter der Vernunft gekommen, ist er allein Richter über die zu seiner Erhaltung geeigneten Mittel und wird dadurch sein eigener Herr.

Demnach ist die Familie, wenn man will, das erste Muster der politischen Gesellschaften. Der Herrscher ist das Abbild des Vaters, das Volk ist das Abbild der Kinder, und da alle gleich und frei geboren sind, veräußern sie ihre Freiheit nur um ihres Nutzens willen. Der ganze Unterschied besteht darin, dass in der Familie die Vaterliebe die Sorgenlast vergilt, die ihm die Kinder auferlegen, während im Staat die Lust zu befehlen die Liebe ersetzt, die der Herrscher für sein Volk nicht empfindet.

Grotius leugnet, dass jede menschliche Regierung zugunsten der Regierten eingesetzt sei: Zum Beweis beruft er sich auf die Sklaverei. In seiner bekannten Schlussweise begründet er das Recht auf die Ausübung desselben.* Man würde wohl eine folgerichtigere Lehre aufstellen können, aber keine, die den Gewaltherrschern günstiger wäre.

Nach Grotius ist es demnach zweifelhaft, ob das Menschengeschlecht etwa hundert einzelnen Menschen als Eigentum ge-

* »Die gelehrten Untersuchungen über das öffentliche Recht sind oft nichts anderes als die Geschichte alter Missbräuche, und man füllt sich damit den Kopf ohne Grund an, wenn man sie allzu eifrig studiert.« *(Traité des intérêts de la France avec ses voisins, par M. le marquis d'Argenson, imprimé chez Rey à Amsterdam)* Gerade das hat Grotius getan.

hört, oder ob diese hundert dem Menschengeschlecht angehören, und in seinem ganzen Werk scheint er sich zu der ersten Ansicht hinzuneigen. Dies ist auch die Meinung von Hobbes. So ist also das menschliche Geschlecht wie Vieh in Herden abgeteilt, deren jede ihr Oberhaupt hat, das sie beschützt, um sie zu verschlingen.

Wie ein Hirt von einer höheren Natur ist als seine Herde, so überragen auch die Hirten der Menschen, die Herrscher und ebenfalls einer höheren Macht teilhaftig sind, ihre Völker. So schloss, wie Philo berichtet, der Kaiser Caligula, indem er nach dieser Analogie ziemlich richtig folgerte, dass die Könige Götter oder die Völker Tiere wären.

Diese Schlussfolgerung Caligulas stimmt mit den von Hobbes und Grotius aufgestellten Lehren vollkommen überein. Schon von ihnen allen hatte Aristoteles ebenfalls behauptet, dass die Menschen von Natur keineswegs gleich wären, sondern die einen zur Sklaverei und die anderen zur Herrschaft geboren würden.

Aristoteles hatte recht, aber er hielt die Wirkung für die Ursache. Jeder in der Sklaverei geborene Mensch wird für die Sklaverei geboren; nichts ist gewisser. Die Sklaven verlieren in ihren Fesseln alles, sogar den Wunsch, sie abzuwerfen, sie lieben ihre Knechtschaft, wie die Gefährten des Odysseus ihren tierischen Zustand nach ihrer Verwandlung liebten.* Wenn es also Sklaven von Natur gibt, so liegt der Grund darin, dass es schon vorher Sklaven wider die Natur gegeben hat. Die Gewalt hat die ersten Sklaven gemacht; die Gemeinheit und Feigheit derselben hat sie beständig erhalten.

* Siehe Plutarchs kleine Abhandlung *Περὶ τοῦ τὰ ἄλογα λόγῳ χρῆσθαι.*

Ich habe nichts vom König Adam noch vom Kaiser Noah, dem Vater der drei großen Monarchen gesagt, die gleich den Kindern des Saturn, die man in ihnen hat wiedererkennen wollen, die Welt unter sich teilten. Ich hoffe, dass man mir für dieses Maßhalten dankbar sein wird; denn da ich von einem dieser Fürsten und vielleicht von dem ältesten Zweige in gerader Linie abstamme, so kann ich ja nicht wissen, ob ich mich nicht durch den Nachweis der Richtigkeit meiner Rechtsansprüche als das rechtmäßige Oberhaupt des menschlichen Geschlechtes enthüllen würde? Wie dem auch sein möge, so kann man doch nicht leugnen, dass Adam Beherrscher der Welt gewesen ist wie Robinson Beherrscher seiner Insel, solange er ihr einziger Bewohner war, und das Angenehmste bei dieser Herrschaft lag darin, dass der Monarch auf seinem Thron sicher war und weder Aufstand noch Kriege noch Empörer zu fürchten hatte.

3. KAPITEL
Recht des Stärkeren

Der Stärkste ist nie stark genug, um immerdar Herr zu bleiben, wenn er seine Stärke nicht in Recht und den Gehorsam nicht in Pflicht verwandelt. Daher entspringt das Recht des Stärkeren, ein Recht, das scheinbar ironisch aufgefasst und in der Tat doch als Prinzip anerkannt wird. Aber wird man uns dieses Wort denn nie erklären? Die Stärke ist ein physisches Vermögen; ich begreife nicht, welche sittliche Verpflichtung aus ihren Wirkungen hervorgehen kann. Der Stärke nachgeben ist eine Handlung der Notwendigkeit, nicht des Willens, höchstens eine Handlung der Klugheit. In welchem Sinne kann es eine Pflicht werden?

Lassen wir dieses angebliche Recht einen Augenblick gelten. Nach meiner Überzeugung ergibt sich daraus nur ein unlöslicher Wirrwarr von Begriffen, denn sobald die Stärke das Recht verleiht, so wird die Wirkung mit der Ursache verwechselt; jede Stärke, welche die erste übersteigt, ist die Erbin ihres Rechtes. Sobald man ungestraft nicht gehorchen braucht, besitzt man das Recht dazu, und da der Stärkste immer recht hat, handelt es sich nur darum, es so einzurichten, dass man der Stärkste ist. Was bedeutet nun aber ein Recht, das mit dem Aufhören der Stärke ungültig wird? Muss man aus Zwang gehorchen, so braucht man nicht aus Pflicht zu gehorchen, und wird man nicht mehr zum Gehorchen gezwungen, so ist man dazu auch nicht mehr verpflichtet. Man sieht also, dass das Wörtlein »Recht« der Stärke keinen höheren Wert verleiht; es ist hier vollkommen bedeutungslos.

Gehorchet den Gewalthabern! Wenn dies bedeuten soll: Gebet der Stärke, der Gewalt nach, so ist das Gebot gut, aber überflüssig; ich bürge dafür, dass es nie übertreten werden wird. Ich gebe zu, dass jede Gewalt von Gott kommt; aber auch jede Krankheit kommt von ihm; heißt das etwa, deshalb sei es verboten, den Arzt zu rufen? Wenn mich ein Räuber im Waldesdickicht überfällt, so muss ich mich der Gewalt fügen und ihm meine Börse geben; verpflichtet mich aber wohl mein Gewissen, sie zu geben, wenn ich imstande wäre, sie ihm vorzuenthalten? Die Pistole, die er mir vorhält, ist ja am Ende doch immer eine Gewalt.

Gestehen wir also, dass Stärke kein Recht gewährt, und dass man nur verpflichtet ist, der rechtmäßigen Gewalt Gehorsam zu leisten. So taucht meine erste Frage immer wieder von Neuem auf.

4. KAPITEL
Sklaverei

Da kein Mensch eine natürliche Gewalt über seinesgleichen hat und da die Stärke kein Recht gewährt, so bleiben also die Verträge als die einzige Grundlage jeder rechtmäßigen Gewalt unter den Menschen übrig.

Wenn ein Einzelner, sagt Grotius, seine Freiheit veräußert und sich zum Sklaven eines Herrn machen kann, weshalb sollte dann nicht auch ein ganzes Volk die seinige veräußern und sich einem König unterwerfen können? In diesem Satz kommen einige zweideutige Worte vor, die erst einer genauen Erklärung bedürfen. Halten wir uns aber zunächst an den Ausdruck »veräußern«. Veräußern heißt verschenken oder verkaufen. Ein Mensch, der sich zum Sklaven eines anderen macht, verschenkt sich nun aber nicht, sondern verkauft sich wenigstens für seinen Unterhalt; wofür verkauft sich aber ein Volk? Weit davon entfernt, dass ein König jemals seinen Untertanen ihren Lebensunterhalt gewähren würde, bezieht er den seinigen vielmehr nur von ihnen, und nach Rabelais' Versicherung lebt ein König nicht von wenigem. Verschenken denn die Untertanen ihre Person nur unter der Bedingung, dass man ihnen auch noch ihr Vermögen nimmt? Ich begreife nicht, was ihnen dann noch zu bewahren übrig bleibt.

Man wird sagen, dass der Gewaltherrscher seinen Untertanen die bürgerliche Ruhe sichere; es mag sein, aber was gewinnen sie dabei, wenn die Kriege, in die sein Ehrgeiz sie verwickelt, wenn seine unersättliche Habgier, wenn die Bedrückungen seiner Minister sie mehr belasten, als ihre Zwistigkeiten es vermöchten? Was gewinnen sie dabei, wenn diese Ruhe selbst ein Glied in der langen Kette ihres Elends ist? Im Kerker lebt man auch ruhig; genügt das, um sich darin wohlzufühlen? Die in der Höhle des Zyklopen eingesperrten Griechen lebten, bis die Reihe verschlungen zu werden an sie kam, ebenfalls in tiefster Ruhe.

Die Behauptung, ein Mensch verschenke sich unentgeltlich, ist eine unbegreifliche Albernheit; eine solche Handlung ist schon deshalb ungesetzlich und nichtig, weil derjenige, der sich zu ihr hergibt, nicht bei gesunder Vernunft ist. Wer dies einem ganzen Volk nachsagt, muss es für ein Volk von Verrückten halten: Verrücktheit verleiht kein Recht.

Sogar wenn ein jeder sich selbst veräußern könnte, kann er doch nicht seine Kinder veräußern; sie werden als Menschen und als Freie geboren; ihre Freiheit gehört ihnen, und sie allein besitzen das Recht, über dieselbe zu verfügen. Vor ihrem Eintritt in das Alter der Vernunft kann der Vater in ihrem Namen zum Zweck ihrer Erhaltung und ihres Wohlbefindens Bestimmungen treffen, sie aber nicht unwiderruflich und bedingungslos verschenken, denn eine solche Verschenkung läuft den Zwecken der Natur zuwider und überschreitet die väterlichen Rechte. Damit eine willkürliche Regierung rechtmäßig wäre, müsste deshalb das Volk nach jedem Menschenalter immer wieder das Recht besitzen, sie anzunehmen oder zu verwerfen; aber dann würde diese Regierung nicht mehr willkürlich sein.

Auf seine Freiheit verzichten heißt auf seine Menschheit, die Menschenrechte, ja selbst auf seine Pflichten verzichten. Wer auf alles verzichtet, für den ist keine Entschädigung möglich. Eine solche Entsagung ist mit der Natur des Menschen unvereinbar, und man entzieht, wenn man seinem Willen alle Freiheit nimmt, seinen Handlungen allen sittlichen Wert. Kurz, es ist ein nichtiger und mit sich selbst in Widerspruch stehender Vertrag, auf der einen Seite eine unumschränkte Macht und auf der anderen einen schrankenlosen Gehorsam festzusetzen. Ist es nicht klar, dass man gegen den, von welchem man das Recht hat, alles zu verlangen, zu nichts verpflichtet ist? Zieht diese einzige Bedingung ohne Entschädigung, ohne Gegenleistung nicht die Nichtigkeit des Übereinkommens nach sich? Denn welches Recht könnte mein Sklave gegen mich geltend machen, da alles, was er besitzt, mir gehört, und dadurch, dass sein Recht das meinige ist, dieses mein Recht wider mich selbst, ein Wort ist, das keinen Sinn hat?

Grotius und andere fanden im Krieg eine andere Quelle des angeblichen Rechtes der Sklaverei. Da nach ihnen der Sieger das Recht besitze, den Besiegten zu töten, dürfte letzterer sein Leben auf Kosten seiner Freiheit erkaufen, ein Vertrag, der umso rechtmäßiger sei, da er beiden einen Vorteil bringe.

Aber es liegt auf der Hand, dass dieses vermeintliche Recht, die Besiegten zu töten, in keinerlei Weise aus dem Kriegsstand hervorgeht. Schon aus dem einzigen Grund, dass die Menschen, solange sie in ihrer ursprünglichen Unabhängigkeit leben, unter sich in keiner Beziehung stehen, die beständig genug ist, um den Friedens- oder den Kriegszustand herbeizuführen, sind sie von Natur nicht Feinde. Das Verhältnis der Dinge und nicht das der Menschen zueinander ruft den Krieg hervor; und da der Kriegsstand nicht aus einfachen persönlichen Beziehungen, sondern lediglich aus sachlichen Beziehungen entstehen kann, so ist weder im Naturzustand, in dem es kein beständiges Eigentum gibt, noch im Gesellschaftszustand, in dem alles unter der Gewalt der Gesetze steht, der Privatkrieg oder der Kampf von Mann gegen Mann möglich.

Privatkämpfe, Duelle, zufällig herbeigeführte Zweikämpfe sind Handlungen, die keinen besonderen Zustand begründen, und was die durch die Einrichtungen König Ludwigs IX. von Frankreich gestatteten und durch den Gottesfrieden aufgehobenen Privatfehden anlangt, so sind es Missbräuche der Feudalregierung, des sinnlosesten Systems, das es je gegeben hat, das den Grundsätzen des Naturrechts und einer jeden gesunden Politik völlig widerspricht.

Der Krieg ist demnach kein Verhältnis eines Menschen zum anderen, sondern das Verhältnis eines Staates zum anderen, bei dem die Einzelnen nur zufällig Feinde sind, und zwar nicht als Menschen, ja nicht einmal als Bürger*, sondern als Soldaten, nicht als Glieder des Vaterlandes, sondern als seine Verteidiger. Kurz, jeder Staat kann nur andere Staaten zu Feinden haben, und nicht Menschen, da man zwischen Dingen von verschiedener Natur kein wirkliches Verhältnis zueinander nachweisen kann.

* Die Römer, die das Kriegsrecht verstanden und mehr als irgendein Volk auf Erden achteten, trieben in dieser Beziehung die Gewissenhaftigkeit so weit, dass es einem Bürger nicht gestattet war, als Freiwilliger zu dienen, wenn er sich nicht ausdrücklich verpflichtet hatte, gegen den Feind und namentlich einen bestimmt angegebenen Feind zu streiten. Als eine Legion, in der Cato der Sohn unter Popilius seinen ersten Waffendienst getan hatte, entlassen worden war, schrieb Cato der Vater dem Popilius, wenn er wünschte, dass sein Sohn unter ihm weiter diente, so müsste er ihn von Neuem vereidigen, da der erste Eid ungültig geworden sei und sein Sohn aus diesem Grund nicht mehr die Waffen gegen den Feind führen dürfte. Und seinen Sohn forderte er auf, sich ernstlich zu hüten und sich vor Ablegung des neuen Eides nicht an dem Kampf zu beteiligen. Ich kann mir denken, dass man mir die Belagerung von Clusium und andere besondere Fälle entgegenhalten wird, aber ich berufe mich nur auf Gesetz und Brauch. Unter allen Völkern haben die Römer ihre Gesetze am seltensten übertreten, und sie sind das einzige Volk, das so schöne Gesetze hatte.

Dieses Prinzip ist denn auch mit den eingeführten Grundsätzen *aller* Zeiten und mit der unwandelbaren Handlungsweise aller gesitteten Völker in vollem Einklang. Die Kriegserklärungen sind Kampfansagen, die weniger an die Mächte als an die Untertanen gerichtet sind. Der Fremde, der, ob er nun König, Privatmann oder ein ganzes Volk sei, ohne vorher ergangene Kriegserklärung an den Fürsten dessen Untertanen beraubt, tötet oder gefangen hält, ist nicht ein Feind, sondern ein Räuber. Sogar mitten im Krieg bemächtigt sich ein gerechter Fürst im Feindesland wohl allen Staatseigentums, aber er verschont die Person und das Vermögen der Einzelnen, er achtet Rechte, auf welche die seinigen gegründet sind. Da der Zweck des Krieges die Vernichtung des feindlichen Staates ist, so hat man das Recht, die Verteidiger desselben zu töten, solange sie die Waffen in der Hand haben; sobald sie sie jedoch niederlegen und sich ergeben, so werden sie, weil sie aufhören, Feinde oder Werkzeuge des Feindes zu sein, wieder nur Menschen, und man hat kein Recht mehr auf ihr Leben. Mitunter kann man den Staat vernichten, ohne ein einziges seiner Glieder zu töten, denn der Krieg verleiht nur das zur Herbeiführung seines Zweckes notwendige Recht. Diese Grundsätze teilt Grotius nicht; sie sind nicht auf die Überredungskraft der Dichter gegründet, sondern entspringen der Natur der Dinge und sind auf die Vernunft gegründet.

Was nun das Eroberungsrecht anlangt, so hat es keine andere Begründung als das Gesetz des Stärkeren. Wenn der Krieg dem Sieger nicht das Recht einräumt, die besiegten Völker niederzumetzeln, so kann ihm dieses Recht, das er nicht besitzt, auch nicht das Recht gewähren, sie zu unterjochen. Nur dann hat man das Recht, den Feind zu töten, wenn man ihn nicht zum

Sklaven machen kann; das Recht, ihn zum Sklaven machen, geht also nicht aus dem Recht, ihn zu töten, hervor; das ist doch ein unbilliger Tausch, ihn sein Leben, auf das man kein Recht hat, mit seiner Freiheit erkaufen zu lassen. Verfällt man dadurch, dass man das Recht über Leben und Tod auf das Recht der Sklaverei und das Recht der Sklaverei auf das Recht über Leben und Tod gründet, nicht augenscheinlich in einen Kreisschluss?

Selbst wenn man dieses schreckliche Recht, alles zu töten, als richtig gelten ließe, behaupte ich trotzdem, dass ein im Krieg zum Sklaven gemachter Mensch oder ein unterjochtes Volk gegen seinen Herrn keine andere Verpflichtung hat, als ihm so lange zu gehorchen, wie dieser die Macht hat, ihn dazu zu zwingen. Da der Sieger für sein Leben einen entsprechenden Ersatz annahm, hat er es ihm nicht geschenkt; anstatt ihn ohne einen Gewinn für sich zu töten, hat er ihn in einer Weise unschädlich gemacht, die ihm Nutzen brachte. Also weit davon entfernt, über ihn ein mit der Gewalt verbundenes Recht gewonnen zu haben, besteht der Kriegszustand zwischen ihnen nach wie vor fort, selbst ihr Verhältnis ist eine Wirkung desselben, und die Ausübung des Kriegsrechts setzt keinen Friedensvertrag voraus. Sie haben ein Übereinkommen getroffen, das mag sein; aber statt dem Kriegsstand ein Ende zu machen, setzt dieses Übereinkommen gerade die Fortdauer desselben voraus.

Von welchem Gesichtspunkt aus man deshalb auch die Dinge betrachten möge, so ist das Recht der Sklaverei immer nichtig, nicht allein weil es ungesetzmäßig, sondern auch weil es sinnlos und bedeutungslos ist. Die Worte »Sklave« und »Recht« stehen im Widerspruch; sie heben sich gegenseitig auf. Ob sich dieser Redensweise ein Mensch zu einem anderen oder zu einem ganzen Volk bedient, so wird es stets gleich unsinnig sein zu sagen: »Ich schließe mit dir eine Übereinkunft, die dir allen Nachteil und mir allen Vorteil bringt, eine Übereinkunft, die ich halten werde, solange es mir gefällt, und die du halten musst, solange es mir gefällt.«

5. KAPITEL
Die Abstammung aller Verträge aus einem Urvertrag

Wenn ich auch alles, was ich bisher widerlegt, zugestände, so würden doch die Verteidiger des Despotismus dadurch noch nicht weitergelangt sein. Es wird stets ein großer Unterschied zwischen der Unterjochung einer Menge und der Regierung einer Gesellschaft stattfinden. In wie großer Anzahl auch zerstreute Menschen nach und nach von einem Einzelnen unterjocht werden, so sehe ich dabei doch nur einen Herrn und Sklaven; ich erblicke darin kein Volk und sein Oberhaupt; es ist, wenn man will, eine Zusammenhäufung, aber keine genossenschaftliche Gesellschaft; es ist weder ein allgemeines Beste noch ein Staatskörper vorhanden. Dieser Mensch ist, wenn er auch die halbe Welt unterjocht hätte, immer nur ein Privatmann, und sein Interesse, sobald es von dem der Übrigen losgelöst ist, immer nur ein Privatinteresse. Nach seinem Tod bleibt sein Reich zerstückelt und ohne Verbindung zurück, wie eine Eiche, wenn sie vom Feuer verzehrt ist, sich auflöst und in einen Aschenhaufen zerfällt.

Ein Volk, sagt Grotius, kann sich an einen König verschenken. Nach ihm ist also ein Volk schon ein Volk, bevor es sich an einen König verschenkt. Diese Verschenkung selbst ist ein bürgerlicher Akt, der eine öffentliche Beratung voraussetzt. Deshalb würde es vor der Untersuchung des Aktes, durch den ein Volk einen König wählt, angemessen sein, den Akt zu prüfen, durch den ein Volk eben ein Volk ist, denn da dieser Akt dem anderen notwendigerweise vorausgehen muss, so ist er auch die eigentliche Grundlage der Gesellschaft.

In der Tat, gäbe es keine vorausgehende Übereinkunft, was würde dann, sobald die Wahl nicht einstimmig ausfiele, der Minorität die Verpflichtung auferlegen, sich der Wahl der Majorität zu unterwerfen? Und woher besäßen hundert, die sich einen Herrn wünschen, das Recht, für zehn, die sich keinen wünschen, mitzustimmen? Das Gesetz der Stimmenmehrheit ist selbst eine Sache des Übereinkommens und setzt wenigstens eine einmalige Einstimmigkeit voraus.

6. KAPITEL
Der Gesellschaftsvertrag

Ich nehme an, dass sich die Menschen bis zu der Stufe emporgeschwungen haben, wo die Hindernisse, die ihrer Erhaltung in dem Naturzustand schädlich sind, durch ihren Widerstand die Oberhand über die Kräfte gewinnen, die jeder Einzelne aufbieten muss, um sich in diesem Zustand zu behaupten. Dann kann dieser ursprüngliche Zustand nicht länger fortbestehen, und das menschliche Geschlecht müsste zugrunde gehen, wenn es die Art seines Daseins nicht änderte.

Da nun die Menschen unfähig sind, neue Kräfte hervorzubringen, sondern lediglich die einmal vorhandenen zu vereinigen und zu lenken vermögen, so haben sie zu ihrer Erhaltung kein anderes Mittel, als durch Vereinigung eine Summe von

Kräften zu bilden, die den Widerstand überwinden kann, und alle diese Kräfte durch eine einzige Triebkraft in Bewegung zu setzen und sie in Gemeinschaft wirken zu lassen.

Eine solche Summe von Kräften kann nur durch das Zusammenwirken mehrerer entstehen. Da jedoch die Stärke und die Freiheit jedes Menschen die Hauptwerkzeuge seiner Erhaltung sind, wie kann er sie hergeben, ohne sich Schaden zu tun und die Sorgfalt zu versäumen, die er sich schuldig ist? Diese Schwierigkeit lässt sich, wenn man sie auf den Gegenstand meiner Betrachtung anwendet, in die Worte zusammenfassen:

»Wie findet man eine Gesellschaftsform, die mit der ganzen gemeinsamen Kraft die Person und das Vermögen jedes Gesellschaftsgliedes verteidigt und schützt und kraft dessen jeder Einzelne, obgleich er sich mit allen vereint, gleichwohl nur sich selbst gehorcht und so frei bleibt wie vorher?« Dies ist die Hauptfrage, deren Lösung der Gesellschaftsvertrag gibt.

Die Klauseln dieses Vertrages sind durch die Natur der Verhandlung so bestimmt, dass die geringste Abänderung sie nichtig und wirkungslos machen müsste. Die Folge davon ist, dass sie, wenn sie auch vielleicht nie ausdrücklich ausgesprochen wären, doch überall gleich, überall stillschweigend angenommen und anerkannt sind, bis nach Verletzung des Gesellschaftsvertrages jeder in seine ursprünglichen Rechte zurücktritt und seine natürliche Freiheit zurückerhält, während er zugleich die auf Übereinkommen beruhende Freiheit, für die er auf jene verzichtete, verliert.

Alle diese Klauseln lassen sich, wenn man sie richtig auffasst, auf eine einzige zurückführen, nämlich auf das gänzliche Aufgehen jedes Gesellschaftsgliedes mit allen seinen Rechten in der Gesamtheit, denn indem sich jeder ganz hingibt, so ist das Verhältnis zunächst für alle gleich, und weil das Verhältnis für alle gleich ist, so hat niemand ein Interesse daran, es den anderen drückend zu machen.

Da ferner dieses Aufgehen ohne allen Vorbehalt geschieht, so ist die Verbindung so vollkommen, wie sie nur sein kann, und kein Gesellschaftsgenosse hat irgendetwas Weiteres zu beanspruchen, denn wenn den Einzelnen irgendwelche Rechte blieben, so würde in Ermangelung eines gemeinsamen Oberherrn, der zwischen ihnen und dem Gemeinwesen entscheiden könnte, jeder, der in irgendeinem Punkt sein eigener Richter ist, auch bald verlangen, es in allen zu sein; der Naturzustand würde fortdauern, und die gesellschaftliche Vereinigung tyrannisierend oder zwecklos sein.

Während sich endlich jeder allen übergibt, übergibt er sich damit niemandem, und da man über jeden Gesellschaftsgenossen das nämliche Recht erwirbt, das man ihm über sich gewährt, so gewinnt man für alles, was man verliert, Ersatz und mehr Kraft, das zu bewahren, was man hat.

Scheidet man also vom Gesellschaftsvertrag alles aus, was nicht zu seinem Wesen gehört, so wird man sich überzeugen, dass er sich in folgende Worte zusammenfassen lässt: »Jeder von uns stellt gemeinschaftlich seine Person und seine ganze Kraft unter die oberste Leitung des allgemeinen Willens, und wir nehmen jedes Mitglied als untrennbaren Teil des Ganzen auf.«

An die Stelle der einzelnen Person jedes Vertragabschließers setzt solcher Gesellschaftsvertrag sofort einen geistigen Gesamtkörper, dessen Mitglieder aus sämtlichen Stimmabgebenden bestehen, und der durch ebendiesen Akt seine Einheit, sein gemeinsames Ich, sein Leben und seinen Willen erhält. Diese öffentliche Person, die sich auf solche Weise aus der Vereinigung aller übrigen bildet, wurde ehemals Stadt genannt und heißt jetzt Republik oder Staatskörper. Im passiven Zustand wird er von seinen Mitgliedern Staat, im aktiven Zustand Oberhaupt, im Vergleich mit anderen seiner Art Macht genannt. Die Gesellschaftsgenossen führen als Gesamtheit den Namen Volk und nennen sich einzeln als Teilhaber der höchsten Gewalt Staatsbürger und im Hinblick auf den Gehorsam, den sie den Staatsgesetzen schuldig sind, Untertanen. Aber diese Ausdrücke gehen oft ineinander über und werden miteinander verwechselt; es genügt, sie unterscheiden zu können, wenn sie in ihrer eigentlichen Bedeutung gebraucht werden.

7. KAPITEL
Das Staatsoberhaupt

Aus jener Formel erkennt man, dass der Gesellschaftsvertrag eine gegenseitige Verpflichtung zwischen dem Gemeinwesen und den Einzelnen in sich schließt, und dass sich jeder Einzelne, da er gleichsam mit sich selbst einen Vertrag abschließt, doppelt verpflichtet sieht, und zwar als Glied des Staatsoberhauptes gegen die Einzelnen und als Glied des Staates gegen das Staatsoberhaupt. Hier darf man jedoch den Grundsatz des bürgerlichen Rechtes, dass niemand an gegen sich selbst eingegangene Verpflichtungen gebunden sei, nicht in Anwendung bringen, denn es ist ein großer Unterschied zwischen einer Verpflichtung gegen sich selbst und einer Verpflichtung gegen ein Ganzes, von dem man einen Teil bildet.

Man muss ferner beachten, dass der öffentliche Beschluss, der allen Untertanen Verpflichtungen gegen das Staatsoberhaupt aufzulegen vermag, und zwar infolge des doppelten Verhältnisses, unter welchem jeder von ihnen betrachtet werden muss, aus entgegengesetztem Grund das Staatsoberhaupt nicht gegen sich selbst verpflichten kann, und dass es folglich gegen die Natur des Staatskörpers ist, wenn sich das Staatsoberhaupt ein Gesetz auferlegt, das es nicht brechen kann. Da es sich immer nur in einem und demselben Verhältnis betrachten kann, so befindet es sich dann in dem Fall eines Privatmannes, der mit sich selber einen Vertrag abschließt; hieraus geht klar hervor, dass es für den Volkskörper keinerlei Art eines bindenden Grundgesetzes gibt noch geben kann; nicht einmal der Gesellschaftsvertrag reicht dazu aus. Das soll jedoch nicht heißen, dass sich dieser Körper nicht in allen Stücken, durch die jener Vertrag nicht verletzt wird, gegen einen anderen verbindlich machen könne, denn dem Fremden gegenüber wird er wieder ein einfaches, einzelnes Wesen.

Da aber der Staatskörper oder das Staatsoberhaupt sein Dasein nur aus der Heiligkeit des Vertrages schöpft, kann es sich gegen einen anderen nie selbst zu etwas verpflichten, was eine Zuwiderhandlung gegen diesen Urvertrag hervorbringen würde, wie etwa zur Veräußerung eines Teils seiner selbst oder zur Unterwerfung unter ein anderes Oberhaupt. Die Verletzung des Vertrages, durch den es sein Dasein erhält, würde seine Selbstvernichtung sein, und ein Nichts kann nichts schaffen.

Sobald die Menge auf solche Weise zu einem Körper vereinigt ist, kann man keines seiner Glieder verletzen, ohne den Körper anzugreifen, und noch weniger den Körper verletzen, ohne dass die Glieder darunter leiden. So verbinden Pflicht und Interesse beide vertragschließenden Teile in gleicher Weise, sich gegenseitig Beistand zu leisten, und in dieser doppelten Beziehung müssen die nämlichen Menschen darauf bedacht sein, alle daraus hervorgehenden Vorteile zu vereinigen.

Das Staatsoberhaupt nun, das nur aus den Einzelnen, aus denen es besteht, gebildet wird, hat und kann kein dem Ihrigen zuwiderlaufendes Interesse haben; folglich bedarf die oberherrliche Macht den Untertanen gegenüber keiner Bürgschaft, da ja der Körper unmöglich den Willen haben könnte, allen seinen Gliedern zu schaden; und wir werden später sehen, dass er einem einzelnen nicht schaden kann. Schon durch sein bloßes Dasein ist das Staatsoberhaupt stets, was es sein soll.

Anders jedoch ist die Stellung der Untertanen dem Staatsoberhaupt gegenüber, das trotz des gemeinschaftlichen Interesses keine Bürgschaft für ihre Verpflichtungen besitzen würde, wenn es nicht Mittel fände, sich ihrer Treue zu versichern.

In der Tat kann jeder Einzelne als Mensch einen besonderen Willen haben, der dem allgemeinen Willen, den er als Staatsbürger hat, zuwiderläuft oder mit dem er doch nicht überall in Einklang steht. Sein besonderes Interesse kann ganz andere Anforderungen an ihn stellen als das gemeinsame Interesse; sein selbstständiges und von Natur unabhängiges Dasein kann ihm das, was er dem Gemeinwesen schuldig ist, als eine freiwillige Beisteuer erscheinen lassen, deren Verlust den anderen einen geringeren Schaden bereiten würde, als ihm die Last der Abtragung verursacht. Das Individuum würde die moralische Person, die den Staat ausmacht, nur als eine Idee auffassen können, weil sie eben kein Mensch ist, und die Rechte des Staatsbürgers genießen, ohne die Pflichten des Untertans erfüllen zu wollen, eine Ungerechtigkeit, deren Umsichgreifen den Untergang des Staatskörpers herbeiführen würde.

Damit demnach der Gesellschaftsvertrag keine leere Form sei, enthält er stillschweigend folgende Verpflichtung, die allein den übrigen Kraft gewähren kann; sie besteht darin, dass jeder, der dem allgemeinen Willen den Gehorsam verweigert, von dem ganzen Körper dazu gezwungen werden soll; das hat keine andere Bedeutung, als dass man ihn zwingen werde, frei zu sein. Denn die persönliche Freiheit ist die Bedingung, die jedem Bürger dadurch, dass sie ihn dem Vaterland einverleibt, Schutz gegen jede persönliche Abhängigkeit verleiht, eine Bedingung, die die Stärke und Beweglichkeit der Staatsmaschine ausmacht und den bürgerlichen Verpflichtungen, die ohne sie sinnlos, tyrannisch und den ausgedehntesten Missbräuchen ausgesetzt wären, Rechtmäßigkeit gibt.

8. KAPITEL
Das Staatsbürgertum

Der Übergang aus dem Naturzustand in das Staatsbürgertum bringt in dem Menschen eine sehr bemerkbare Veränderung hervor, indem in seinem Verhalten die Gerechtigkeit an die Stelle des Instinktes tritt und sich in seinen Handlungen der sittliche Sinn zeigt, der ihnen vorher fehlte. Erst in dieser Zeit verdrängt die Stimme der Pflicht den physischen Antrieb und das Recht der Begierde, sodass sich der Mensch, der bis dahin lediglich auf sich selbst Rücksicht genommen hatte, gezwungen sieht, nach anderen Grundsätzen zu handeln und seine Vernunft um Rat fragt, bevor er auf seine Neigungen hört. Obgleich er in diesem Zustand mehrere Vorteile, die ihm die Natur gewährt, aufgibt, so erhält er dafür doch so bedeutende andere Vorteile.

Seine Fähigkeiten üben und entwickeln sich, seine Ideen erweitern, seine Gesinnungen veredeln, seine ganze Seele erhebt sich in solchem Grad, dass er, wenn ihn der Missbrauch seiner neuen Lage nicht oft noch unter die, aus der er hervorgegangen, erniedrigte, unaufhörlich den glücklichen Augenblick segnen müsste, der ihn dem Naturzustand auf ewig entriss und aus einem ungesitteten und beschränkten Tier ein einsichtsvolles Wesen, einen Menschen machte.

Führen wir den ganzen Vergleich beider Zustände auf einige Punkte zurück, bei denen die Unterschiede am klarsten hervortreten. Der Verlust, den der Mensch durch den Gesellschaftsvertrag erleidet, besteht in dem Aufgeben seiner natürlichen Freiheit und des unbeschränkten Rechtes auf alles, was ihn reizt und er erreichen kann. Sein Gewinn äußert sich in der bürgerlichen Freiheit und in dem Eigentumsrecht auf alles, was er besitzt. Um sich bei dem Abwägen der Vorteile beider Stände keinem Irrtum hinzugeben, muss man die natürliche Freiheit, die nur in den Kräften des Einzelnen ihre Schranken findet, von der durch den allgemeinen Willen beschränkten, bürgerlichen Freiheit genau unterscheiden und in gleicher Weise den Besitz, der nur die Wirkung der Stärke oder das Recht des ersten Besitzergreifers ist, von dem Eigentum, das nur auf einen sicheren Rechtsanspruch gegründet werden kann.

Nach dem Gesagten würde man noch zu den Vorteilen des Staatsbürgertums die sittliche Freiheit hinzufügen können, die allein den Menschen erst in Wahrheit zum Herrn über sich selbst macht; denn der Trieb der bloßen Begierde ist Sklaverei, und der Gehorsam gegen das Gesetz, das man sich selber vorgeschrieben hat, ist Freiheit. Aber hierüber habe ich schon allzu viel gesagt, und die philosophische Bedeutung des Wortes Freiheit gehört nicht zu den Aufgaben meiner Arbeit.

9. KAPITEL
Realeigentum

Jedes Glied des Gemeinwesens übergibt sich demselben in dem Augenblick seines Entstehens, so wie es sich gerade vorfindet, sich und alle seine Kräfte, von denen die Güter, die es besitzt, einen Teil bilden. Dadurch, dass der Besitz hierbei in andere Hände übergeht, ändert er zwar nicht seine Natur und wird nicht Eigentum des Staatsoberhauptes; da jedoch die Kräfte des Gemeinwesens weit größer sind als die jedes Einzelnen, so ist der Staatsbesitz in der Tat auch fester und gesicherter, ohne dadurch, wenigstens den Fremden gegenüber, rechtmäßiger zu sein; denn in Bezug auf seine Glieder ist der Staat durch den Gesellschaftsvertrag, der im Staat als Grundlage aller Rechte dient, Herr über alle ihre Güter; was aber die übrigen Mächte anlangt, so ist er es ihnen gegenüber nur durch das ihm von den Einzelnen übertragene Recht des ersten Besitzergreifers.

Obgleich das Recht des ersten Besitzergreifers berechtigter ist als das Recht des Stärkeren, so wird es doch erst nach Einführung des Eigentumsrechtes ein wirkliches Recht. Von Natur hat jeder Mensch ein Recht auf alles, was er notwendig braucht; aber gerade der Vertrag, der ihn zum Eigentümer irgendeines Gutes macht, schließt ihn von allem übrigen aus. Nach Festsetzung seines Anteils muss er sich auf ihn beschränken und hat kein Anrecht mehr auf das Gemeingut. Deshalb ist das im Naturzustand so schwache Recht des ersten Besitzergreifers jedem

Staatsbürger so achtungswert. Man achtet in diesem Recht nicht sowohl das Eigentum eines anderen als das, was einem selbst nicht gehört.

Um das Recht des ersten Besitzergreifers auf irgendein Stück Land zu begründen, bedarf es im Allgemeinen folgender Bedingungen: erstens, dass dieses Stück Land noch von niemandem bewohnt werde, zweitens, dass man davon nur so viel in Anspruch nehme, wie man zum Unterhalt nötig hat; drittens endlich, dass man davon nicht durch eine leere Förmlichkeit Besitz ergreife, sondern durch Arbeit und Anbau, das einzige Zeichen des Eigentums, das in Ermangelung gesetzlicher Rechtsansprüche von anderen geachtet werden muss.

Gibt man dem Recht des ersten Besitzergreifers nicht in der Tat dadurch die weiteste Ausdehnung, dass man es mit dem Bedürfnis und der Arbeit vereinigt? Kann man dieses Recht nicht einschränken? Soll es schon genügen, den Fuß auf ein gemeinschaftliches Stück Land zu setzen, um sich sofort für den Herrn desselben auszugeben? Soll die Stärke, die anderen Menschen einen Augenblick lang davon zu verjagen, schon genügen, um ihnen das Recht der Rückkehr zu nehmen? Wie kann sich ein Mensch oder ein Volk anders als durch eine widerrechtliche Besitzergreifung eines unermesslichen Landstriches bemächtigen und es dem ganzen Menschengeschlecht entziehen, da er den übrigen Menschen den Raum und die Nahrungsmittel raubt, die die Natur ihnen gemeinschaftlich gibt? Als Nunnez Balbao im Namen der Krone von Kastilien die Südsee und ganz Südamerika vom Ufer aus in Besitz nahm, war dies schon ausreichend, um allen seinen Bewohnern ihr Eigentumsrecht auf das Land zu entreißen und alle Fürsten der Welt davon auszuschließen? Bei solcher Sachlage vervielfältigen sich diese Förmlichkeiten höchst nutzloserweise, und der katholische König brauchte nur mit einem Mal von dem ganzen Weltall Besitz zu ergreifen, sobald er nur hinterher von seinem Reich alles ausschlösse, was schon vorher von anderen Fürsten in Besitz genommen war.

Es ist leicht begreiflich, wie die vereinigten und aneinandergrenzenden Ländereien der Einzelnen Staatsgebiet werden, und wie das Recht der Oberherrlichkeit, indem es sich auf das von den Untertanen besetzte Gebiet ausdehnt, zugleich dinglich und persönlich wird, was die Besitzer in eine größere Abhängigkeit versetzt und ihre Kräfte selbst zu Bürgen ihrer Treue macht. Hierin liegt ein Vorteil, für den die Monarchen in früheren Zeiten kein Verständnis gehabt zu haben scheinen. Sie nannten sich nur Könige der Perser, der Skythen, der Mazedonier und schienen sich deshalb weit mehr für Oberhäupter der Menschen als für Herren des Landes zu halten. Heutzutage nennen sie sich viel geschickter Könige von Frankreich, von Spanien, von England usw., und indem sie auf solche Weise das Land in Besitz nehmen, haben sie auch die vollkommene Sicherheit, die Bewohner in Besitz zu behalten.

Das Sonderbare bei dieser Veräußerung liegt darin, dass das Gemeinwesen durch Übernahme der Güter der Einzelnen diese nicht etwa ihrer Besitzung beraubt, sondern ihnen gerade erst den rechtmäßigen Besitz dieser Güter in Wahrheit sichert, die Usurpation in ein wahres Recht und den Genuss in Eigentum verwandelt. Da die Besitzer jetzt als Verwahrer des Staatsgutes betrachtet, ihre Rechte von allen Gliedern des Staates geachtet und durch seine ganze Macht dem Fremden gegenüber behauptet werden: So haben sie durch eine Abtretung, die dem Gemeinwesen und in einem noch weit höheren Grad ihnen selbst vorteilhaft ist, alles, was sie hingaben, gleichsam wiedergenommen, ein Paradoxon, das sich durch die Unterscheidung der Rechte, die das Staatsoberhaupt und der Eigentümer auf das gleiche Grundstück haben, wie man später sehen wird, leicht erklärt.

Möglich ist auch, dass sich die Menschen zu vereinigen beginnen, ehe sie etwas besitzen, und dann, wenn sie sich später eines für alle ausreichenden Gebietes bemächtigen, es gemeinschaftlich benutzen oder unter sich teilen, sei es zu gleichen Teilen oder nach bestimmten, vom Staatsoberhaupt festgesetzten Verhältnissen. Auf welche Weise sich jedoch die Erwerbung vollziehen möge, stets ist das Recht, welches jeder Einzelne auf sein besonderes Grundstück besitzt, dem Recht, das dem Gemeinwesen auf alle zusteht, untergeordnet, sonst würde es der gesellschaftlichen Vereinigung an Festigkeit und der oberherrlichen Wirksamkeit an wahrer Kraft fehlen.

Ich schließe dieses Kapitel und dieses Buch mit einer Bemerkung, die jedem gesellschaftlichen Plan als Grundlage dienen muss: Der Grundvertrag hebt nicht etwa die natürliche Gleichheit auf, sondern setzt im Gegenteil an die Stelle der physischen Ungleichheit, die die Natur unter den Menschen hätte hervorrufen können, eine sittliche und gesetzliche Gleichheit, sodass die Menschen, wenn sie auch an körperlicher und geistiger Kraft ungleich sein können, durch Übereinkunft und Recht alle gleich werden.*

* Unter schlechten Regierungen ist diese Gleichheit nur scheinbar und trügerisch; sie dient nur dazu, den Armen in seinem Elend und den Reichen in seinem widerrechtlich erlangten Besitz zu erhalten. In Wahrheit sind die Gesetze immer nur für diejenigen wohltätig, welche etwas besitzen, und den Besitzlosen schädlich, woraus folgt, dass den Menschen der gesellschaftliche Zustand nur so lange vorteilhaft ist, als jeder etwas und keiner zu viel hat.

ZWEITES BUCH

1. KAPITEL
Die Staatshoheit ist unveräußerlich

Die erste und wichtigste Schlussfolge aus den bis jetzt aufgestellten Grundsätzen ist die, dass der allgemeine Wille allein die Kräfte des Staates dem Zweck seiner Einrichtung gemäß, der in dem Gemeinwohl besteht, leiten kann; denn wenn der Gegensatz der Privatinteressen die Errichtung der Gesellschaften nötig gemacht hat, so hat sie doch erst die Übereinstimmung der gleichen Interessen ermöglicht. Das Gemeinsame in diesen verschiedenen Interessen bildet das gesellschaftliche Band; und gäbe es nicht irgendeinen Punkt, in dem alle Interessen übereinstimmen, so könnte keine Gesellschaft bestehen. Einzig und allein nach diesem gemeinsamen Interesse muss die Gesellschaft regiert werden.

Ich behaupte also, dass die Staatshoheit, die nichts anderes als die Ausübung des allgemeinen Willens ist, nie veräußert werden kann und sich das Staatsoberhaupt als ein kollektives Wesen nur durch sich selbst darstellen lässt. Die Macht kann wohl übertragen werden, aber nicht der Wille.

Ist es in der Tat auch nicht unmöglich, dass der Wille eines Einzelnen in irgendeinem Punkt mit dem allgemeinen Willen übereinstimme, so ist es wenigstens unmöglich, dass diese Übereinstimmung von Dauer und Bestand sein könnte, denn seiner Natur nach strebt der Wille des Einzelnen nach Vorzügen, der allgemeine dagegen nach Gleichheit. Noch unmöglicher ist es, einen Bürgen für diese Übereinstimmung zu haben, sollte sie sogar wirklich von steter Dauer sein; Letzteres wäre keine Wirkung der Kunst, sondern des Zufalls. Das Staatsoberhaupt kann wohl sagen: »Ich will jetzt, was dieser oder jener Mensch will oder doch zu wollen versichert«, aber es kann nicht sagen: »Ich werde auch morgen wollen, was dieser Mensch will«, da es sinnlos ist, dass sich der Wille schon für die Zukunft fesselt, und es nicht in der Gewalt irgendeines Willens steht, in etwas einzustimmen, was dem Wohl des wollenden Wesens widerspricht. Wenn deshalb ein Volk verspricht, bedingungslos zu gehorchen, so löst es sich durch ein solches Versprechen selbst auf und verliert seine Eigenschaft als Volk; sobald ein Herr da ist, gibt es kein Staatsoberhaupt mehr, und von dem Augenblick an ist der Staatskörper vernichtet.

Das soll nicht heißen, dass die Befehle der Oberhäupter nicht für die allgemeine Willensmeinung gelten können, solange das Staatsoberhaupt, das die Freiheit besitzt, sich zu widersetzen, davon keinen Gebrauch macht. In einem solchen Fall muss man aus dem allgemeinen Schweigen auf die Einwilligung des Volkes schließen. Dies bedarf einer ausführlicheren Erklärung.

2. KAPITEL
Die Staatshoheit ist unteilbar

Derselbe Grund, aus dem die Staatshoheit unveräußerlich ist, spricht auch für ihre Unteilbarkeit, denn der Wille ist allgemein* oder er ist es nicht; er ist der Ausfluss der Gesamtheit des Volkes oder nur eines seiner Teile. Im ersten Fall ist der Ausdruck dieses Willens ein Akt der Staatshoheit und hat Gesetzeskraft; im zweiten ist er nur Privatwille oder ein obrigkeitlicher Akt; er kann höchstens als ein Rechtsspruch gelten.

* Die Allgemeinheit des Willens verlangt nicht immer Einstimmigkeit, dagegen ist die Zählung sämtlicher Stimmen notwendig; jede förmliche Ausschließung hebt die Allgemeinheit auf.

Da aber unsere Staatsmänner die Staatshoheit nicht in ihrem Prinzip zerteilen können, so zerteilen sie sie wenigstens in Bezug auf ihren Gegenstand; sie teilen sie in Kraft und Willen, in gesetzgebende und vollziehende Gewalt, in Berechtigung zu Auflagen, zur Rechtspflege und zum Krieg, in innere Verwaltung und das Amt für die auswärtigen Angelegenheiten; bald lassen sie alle diese Teile ineinander übergehen, und bald sondern sie sie voneinander. Sie machen aus dem Staatsoberhaupt ein phantastisches und zusammengestückeltes Wesen; es ist, als ob sie den Menschen aus mehreren Körpern zusammensetzen, von denen der eine nur Augen, der andere nur Arme, der dritte nur Füße und sonst weiter nichts hätte. Die Gaukler in Japan sollen vor den Augen der Zuschauer ein Kind zerstückeln, und nachdem sie darauf alle seine Glieder nacheinander in die Luft geworfen haben, lassen sie das Kind wieder lebendig und mit heilen Gliedern herabfallen. Der Art sind ungefähr die Taschenspielerstreiche unserer Staatsmänner; nachdem sie den Gesellschaftskörper durch eine Gaukelei, die sich denen auf dem Jahrmarkt zur Seite stellen kann, zerlegt haben, setzen sie, man weiß nicht wie, die Stücke wieder zusammen.

Dieser Irrtum hat sich nur aus den ungenauen Vorstellungen von der staatshoheitlichen Gewalt bilden können, indem man Dinge, die nur Ausflüsse dieser Gewalt waren, für Teile derselben hielt. So hat man beispielsweise Kriegserklärungen und Friedensabschlüsse für Akte der Staatshoheit angesehen, was sie keineswegs sind, da keiner dieser Akte ein Gesetz, sondern jeder lediglich eine Anwendung des Gesetzes, ein besonderer Akt ist, der die gesetzlichen Bestimmungen zur Geltung bringt, wie man klar einsehen wird, sobald der mit dem Worte Gesetz verbundene Begriff festgestellt ist.

Bei einer ähnlichen Prüfung der übrigen Einteilungen würde man finden, dass man sich jedes Mal irrt, wenn man die Staatshoheit geteilt zu sehen glaubt, und dass die Rechte, die man für Teile dieser Staatshoheit hält, ihr sämtlich untergeordnet sind und stets einen höchsten Willen voraussetzen, der nur durch diese Rechte zur Ausführung gelangt.

Es lässt sich gar nicht sagen, eine wie große Dunkelheit dieser Mangel an Genauigkeit über die Feststellungen der Schriftsteller auf dem Gebiet des Staatsrechts verbreitet hat, wenn sie nach Maßgabe der von ihnen festgestellten Grundsätze sich über die gegenseitigen Rechte der Könige und Völker ein Urteil erlauben wollten. Aus dem dritten und vierten Kapitel im ersten Buch des von Grotius verfassten Werkes kann man ersehen, wie sich dieser gelehrte Mann und sein Übersetzer in ihre Trugschlüsse verwickeln und verwirren, aus Furcht, im Hinblick auf ihre Anschauungen zu viel oder zu wenig zu sagen und Interessen zu verletzen, die miteinander in Einklang zu bringen ihre Aufgabe war. Nach Frankreich geflüchtet und mit seinem Vaterland unzufrieden, will Grotius Ludwig XIII., dem er sein Werk gewidmet hat, den Hof machen und spart deshalb nichts, die Völker aller ihrer Rechte zu berauben, um mit möglichster Geschicklichkeit die Könige damit zu bekleiden. Das wäre auch vollkommen nach dem Geschmack Barbeyracs gewesen, der seine Übersetzung dem König Georg I. von England widmete. Leider nötigte ihn jedoch die Vertreibung Jacobs II., die er Abdankung nennt, auf der Hut zu sein, Winkelzüge und Ausflüchte zu machen, um Wilhelm nicht als einen Thronräuber erscheinen zu lassen. Hätten sich diese beiden Schriftsteller die wahren Grundsätze zu eigen gemacht, so wären alle Widersprüche aufgehoben gewesen und sie stets mit sich in Übereinstimmung geblieben; dann wären sie aber freilich in der traurigen Lage gewesen, die Wahrheit sagen zu müssen und sich nur um die Gunst des Volkes zu bemühen. Die Wahrheit führt nicht zu Glücksgütern, und das Volk verleiht weder Gesandtschaften noch Lehrstühle noch Gnadengelder.

3. KAPITEL

Ob der allgemeine Wille irren kann

Aus dem Vorhergehenden ergibt sich, dass der allgemeine Wille beständig der richtige ist und immer auf das allgemeine Beste abzielt, daraus folgt jedoch nicht, dass Volksbeschlüsse immer gleich richtig sind. Man will stets sein Bestes, sieht jedoch nicht immer ein, worin es besteht. Das Volk lässt sich nie bestechen, wohl aber oft hinters Licht führen, und nur dann scheint es Böses zu wollen.

Oft ist ein großer Unterschied zwischen dem Willen aller und dem allgemeinen Willen; Letzterer geht nur auf das allgemeine Beste aus, Ersterer auf das Privatinteresse und ist nur eine Summe einzelner Willensmeinungen. Zieht man nun von diesen Willensmeinungen das Mehr und Minder, das sich gegenseitig aufhebt*, ab, so bleibt als Differenzsumme der allgemeine Wille übrig.

* Jedes Interesse, sagt der Marquis d'Argenson in den *Considérations sur le gouvernement de la France*, ist aus verschiedenen Prinzipien hervorgegangen. Die Übereinstimmung zweier besonderer Interessen geht aus dem Gegensatz gegen ein drittes hervor. Er hätte noch hinzufügen können, dass die Übereinstimmung aller Interessen die Folge des Gegensatzes derselben gegen das eines jeden Einzelnen ist. Gäbe es keine verschiedenen Interessen,so würde man das gemeinschaftliche, welches nie Hindernisse fände, kaum wahrnehmen. Alles würde ganz von selbst gehen und die Politik aufhören, eine Kunst zu sein.

Hätten bei der Beschlussfassung eines hinlänglich unterrichteten Volkes die Staatsbürger keine feste Verbindung untereinander, so würde aus der großen Anzahl kleiner Differenzen stets der allgemeine Wille hervorgehen und der Beschluss wäre immer gut. Wenn sich indessen Parteien, wenn sich kleine Genossenschaften zum Nachteil der großen bilden, so wird der Wille jeder dieser Gesellschaften in Bezug auf ihre Mitglieder ein allgemeiner und dem Staat gegenüber ein einzelner; man kann dann sagen, dass nicht mehr so viel Stimmberechtigte wie Menschen vorhanden sind, sondern nur so viele, wie es Vereinigungen gibt. Die Differenzen werden weniger zahlreich und führen zu einem weniger allgemeinen Ergebnis. Wenn endlich eine dieser Vereinigungen so groß ist, dass sie über alle anderen das Übergewicht davonträgt, so ist das Ergebnis nicht mehr eine Summe kleiner Differenzen, sondern eine einzige Differenz; dann gibt es keinen allgemeinen Willen mehr und die Ansicht, die den Sieg davonträgt, ist trotzdem nur eine Privatansicht.

Um eine klare Darlegung des allgemeinen Willens zu erhalten, ist es deshalb von Wichtigkeit, dass es im Staat möglichst keine besonderen Gesellschaften gibt und jeder Staatsbürger nur für seine eigene Überzeugung eintritt.* Deshalb war die auf die-

* »*Vera cosa è*«, sagt Machiavelli, »*che alcuni divisioni unocono alle repubbliche, e alcune giovano: quelle unocono che sono dalle sette e da partigiani accompagnate: quelle giovano che senza sette, senza partigiani, si mantengano. Non potendo adunque provedere un fundatore d'una repubblica che non siano nimizicie in quella, ha da preveder almeno che non oi siano sette.*« (Hist. Florent., lib., VII.) »Wahr ist«, sagt Macchiavelli, »dass manche Dispute dem Staat schaden, während andere ihm helfen. Schädlich sind diejenigen, in deren Verlauf Sekten und Parteien entstehen. Hilfreich sind diejenigen, die ohne Sekten oder Parteien bleiben. Weil der Gründer eines Staates nicht im Vorhinein verhindern kann, dass es in ihm zu Differenzen kommt, muss er zumindest Vorsorge treffen, dass keine Sekten aufkommen können.«

sem Grundsatz beruhende Einrichtung des großen Lykurg so einzig in ihrer Art und so erhaben. Gibt es nun solche besonderen Gesellschaften, so muss man ihre Anzahl vermehren und ihrer Ungleichheit vorbeugen, wie Solon, Numa und Servius Tullius taten. Diese Vorsichtsmaßregeln können es einzig und allein bewirken, dass der allgemeine Wille immer klar ersichtlich ist und das Volk sich nicht irrt.

4. KAPITEL
Grenzen der oberherrlichen Macht

Wenn der Staat oder das Gemeinwesen nur eine moralische Person ist, deren Leben in der Verbindung ihrer Glieder besteht und wenn seine wichtigste Sorge auf seine eigene Erhaltung gerichtet ist, so hat er eine allgemeine und zwingende Kraft nötig, um jeden Teil auf die dem Ganzen zweckmäßige Weise zu bewegen und nutzbar zu machen. Wie die Natur jeden Menschen mit einer unumschränkten Macht über alle seine Glieder ausstattet, so stattet auch der Gesellschaftsvertrag den Staatskörper mit einer unumschränkten Macht über all die Seinigen aus, und ebendiese vom allgemeinen Willen geleitete Macht wird, wie bereits erwähnt, Staatshoheit oder Oberherrlichkeit genannt.

Außer der Person des Staates haben wir jedoch auch die einzelnen Personen, die jene bilden und deren Leben und Freiheit naturgemäß von ihr unabhängig sind, zu betrachten. Es gilt also, die gegenseitigen Rechte der Staatsbürger und des Staatsoberhauptes* sowie die Pflichten, welche Erstere in ihrer Eigenschaft

* Aufmerksame Leser, seid, wenn ich Euch bitten darf, nicht zu schnell bei der Hand, mich hier eines Widerspruches zu zeihen. Bei der Armut

als Untertanen zu erfüllen haben, von dem natürlichen Recht, das sie als Menschen genießen müssen, genau zu unterscheiden.

Man gesteht zu, dass durch den Gesellschaftsvertrag jeder von seiner Macht, seinem Vermögen und seiner Freiheit nur den Teil veräußert, den das Gemeinwesen nötig hat; aber man muss auch zugestehen, dass das Staatsoberhaupt allein die Notwendigkeit des abzutretenden Teils bestimmen darf.

Alle Dienste, die der Staatsbürger dem Staat zu leisten vermag, ist er ihm schuldig, sobald das Staatsoberhaupt sie verlangt; dagegen kann das Staatsoberhaupt von seiner Seite aus die Untertanen mit keiner dem Gemeinwesen unnützen Fessel belasten, ja, es kann es nicht einmal wollen, denn nach dem Gesetz der Vernunft geschieht ebenso wenig wie nach dem Gesetz der Natur etwas ohne Ursache.

Die Verbindlichkeiten, die uns an den Gesellschaftskörper knüpfen, sind nur deswegen verpflichtender Natur, weil sie gegenseitig sind, und ihr Wesen ist der Art, dass man bei ihrer Erfüllung nicht für andere arbeiten kann, ohne auch für sich zu arbeiten. Weshalb ist der allgemeine Wille immer richtig, und weshalb wollen alle stets das Glück eines jeden unter sich, wenn nicht um deswillen, weil es niemand gibt, der nicht das Wort »jeder« sich aneignet und nicht an sich selber denkt, sooft er für alle stimmt? Darin liegt der Beweis, dass die Rechtsgleichheit und die dadurch hervorgerufene Vorstellung von Gerechtigkeit aus dem Vorzug, den jeder sich selbst beilegt, und folglich aus der menschlichen Natur entspringen; dass der allgemeine Wille, soll er in Wahrheit bestehen, es sowohl im Hinblick auf seinen Gegenstand wie auf sein Wesen sein muss; dass er, um auf alle

der Sprache habe ich ihn in der Ausdrucksweise freilich nicht vermeiden können; aber wartet nur das Ende ab!

Anwendung finden zu können, auch von allen ausgehen muss, und dass er seine natürliche Richtigkeit verliert, sobald er es nur mit einem einzelnen bestimmten Gegenstand zu tun hat, weil wir bei der Beurteilung einer uns fremden Angelegenheit uns von keinem wahren Grundsatz der Billigkeit leiten lassen.

Sobald es sich bei einem durch eine frühere allgemeine Übereinkunft noch nicht geregelten Punkt um ein besonderes Ereignis oder ein besonderes Recht handelt, wird die Sache in der Tat streitig. Es liegt dann ein Rechtshandel vor, in dem die dabei beteiligten Einzelnen die eine Partei und das Gemeinwesen die andere bilden, für den ich jedoch weder das Gesetz, das zu befolgen, noch den Richter, der zur Fällung des Urteils berechtigt wäre, aufzufinden vermag. Es würde lächerlich sein, sich dann in einem derartigen Fall auf eine ausdrückliche Entscheidung des allgemeinen Willens verlassen zu wollen, die ja doch nur der Beschluss der einen Partei sein kann und folglich für die andere nur eine fremde, einzelne, bei dieser Gelegenheit zur Ungerechtigkeit geneigte und dem Irrtum unterworfene Willensmeinung ist. Ebenso wie der Wille des Einzelnen nicht imstande ist, für den allgemeinen Willen einzutreten, verändert seinerseits auch der allgemeine Wille seine Natur, sobald es sich um einen einzelnen Gegenstand handelt, und kann nicht als allgemeiner Wille über einen Menschen oder ein Ereignis ein Urteil fällen. Wenn beispielsweise die Athener ihre Feldherren ernannten oder absetzten, dem einen Ehrenbezeigungen zuerkannten, den anderen Strafen auferlegten, und durch eine Menge besonderer Beschlüsse ohne Unterschied alle Regierungsgeschäfte ausübten, so hatten sie im eigentlichen Sinn keinen allgemeinen Willen mehr; sie handelten nicht mehr als Staatsoberhaupt, sondern als Beamte. Dies wird freilich scheinbar mit den gewöhnlichen Begriffen in Widerspruch stehen; man möge mir jedoch nur Zeit lassen, die meinigen auseinanderzusetzen.

Aus dem Gesagten wird deutlich, dass den Willen nicht sowohl die Anzahl der Stimmen als vielmehr das Interesse, welches sie vereinigt, zu einem gemeinen macht, denn bei dieser Einrichtung unterwirft sich ein jeder den Bedingungen, die er den anderen auferlegt. Es herrscht ein bewundernswerter Einklang des Interesses und der Gerechtigkeit, der den gemeinsamen Beschlüssen einen Charakter der Billigkeit verleiht, die bei der Erörterung jeder Privatangelegenheit sichtlich verlorengeht, weil kein gemeinschaftliches Interesse vorhanden ist, das die Anschauung des Richters mit der der Partei in Einklang und Übereinstimmung bringt.

Von welcher Seite aus man auch auf das Prinzip zurückgehen möge, stets gelangt man zu dem Schluss, dass der Gesellschaftsvertrag unter den Staatsbürgern eine derartige Gleichheit herstellt, dass sich alle auf dieselben Bedingungen hin verpflichten und alle dieselben Rechte genießen müssen. Der Natur des Vertrages gemäß verpflichtet oder begünstigt jede Handlung der Staatshoheit, d. h. jede authentische Handlung des allgemeinen Willens, alle Staatsbürger in gleicher Weise, sodass das Staatsoberhaupt lediglich den Körper der Nation kennt und von allen, die ihn bilden, keinen unterscheidet. Was ist denn nun eigentlich eine Handlung der Staatshoheit? Nicht eine Übereinkunft des Höheren mit dem Niederen, sondern eine Übereinkunft des Körpers mit jedem seiner Glieder; sie ist rechtmäßig, weil sie den Gesellschaftsvertrag zur Grundlage hat; sie ist billig, weil alle gleichen Anteil daran haben; sie ist nützlich, weil sie nur auf das allgemeine Beste ausgehen kann, und auch dauerhaft, da die Staatskraft und die oberste Gewalt für sie eintreten. Solange die Untertanen nur den in solcher Übereinkunft angenommenen Gesetzen unterworfen sind, gehorchen sie niemand als ihrem eigenen Willen; und die Frage aufstellen, bis wohin sich die gegenseitigen Rechte des Staatsoberhauptes und der Staatsbürger erstrecken, heißt nichts anderes als fragen, bis wie weit sich Letztere gegen sich selbst, jeder gegen alle und alle gegen jeden verpflichten können.

Hieraus ist ersichtlich, dass die oberherrliche Gewalt, so unumschränkt, heilig und unverletzlich sie auch ist, die Grenzen der allgemeinen Übereinkunft weder überschreitet noch überschreiten kann, und dass jeder Mensch über den ihm durch diese Übereinkünfte gebliebenen Teil seiner Güter und seiner Freiheit vollkommen unbehindert verfügen kann, sodass dem Staatsoberhaupt nie das Recht zusteht, einen Untertan stärker als den anderen zu belasten, weil dies zu einer Privatangelegenheit wird, deren Entscheidung nicht in seiner Macht liegt.

Bei Annahme dieser Unterscheidungen ist die Behauptung einer wirklichen Entsagung vonseiten der Einzelnen im Gesellschaftsvertrag so falsch, dass sich vielmehr eine wesentliche Verbesserung ihrer Lage gegen früher als Folge dieses Vertrages nachweisen lässt. Anstatt einer Veräußerung haben sie nur einen vorteilhaften Tausch gemacht, indem sie für eine unsichere und ungewisse Lebensweise eine bessere und gesichertere, für die natürliche Unabhängigkeit Freiheit, für die Macht, anderen zu schaden, ihre eigene Sicherheit und für ihre Kraft, welche andere zu besiegen vermochte, ein Recht eintauschten, das die gesellschaftliche Verbindung unbesieglich macht. Sogar ihr Leben, das sie nun dem Staat geweiht haben, wird von demselben beständig geschützt, und was tun sie, wenn sie es zu seiner Verteidigung der Gefahr aussetzen, anderes als dass sie ihm das von ihm Erhaltene zurückerstatten? Würden sie nicht im Naturzustand dasselbe weit häufiger und mit weit größerer Gefahr tun müssen, wenn sie das zum Lebensunterhalt Nötige unter unvermeidlichen Kämpfen mit Lebensgefahr verteidigten? Im Notfall müssen allerdings alle für das Vaterland kämpfen, aber niemand braucht auch für sich selbst zu kämpfen. Haben wir also nicht noch Gewinn dabei, wenn wir uns für das, was unsere Sicherheit bildet, einem Teil der Gefahren aussetzen, denen wir uns, sobald uns jene Sicherheit genommen wäre, doch aussetzen müssten?

5. KAPITEL
Recht über Leben und Tod

Man fragt, wie die Einzelnen, die doch kein Recht besitzen, über ihr eigenes Leben zu verfügen, dieses nämliche Recht, das ihnen nicht zusteht, auf das Staatsoberhaupt übertragen können? Die Lösung dieser Frage scheint nur deshalb schwierig, weil sie schlecht gestellt ist. Jeder Mensch ist berechtigt, sein eigenes Leben zu wagen, um es zu erhalten. Hat man je einen Menschen, der sich zum Fenster hinausstürzt, um sich aus einer Feuersbrunst zu retten, eines Selbstmordes für schuldig erklärt? Hat man dieses Verbrechen je einem Menschen zur Last gelegt, der im Sturm umkam, obgleich er beim Einschiffen mit der Gefahr eines solchen bekannt war?

Der Gesellschaftsvertrag bezweckt die Erhaltung der Gesellschafter. Wer den Zweck will, ist auch mit den Mitteln einverstanden, und diese Mittel lassen sich von einigen Gefahren, ja sogar von einigen Verlusten gar nicht trennen. Wer sein Leben auf Kosten anderer erhalten will, muss es, sobald es nötig ist, auch für sie hingeben. Der Staatsbürger ist deshalb auch nicht länger

Richter über die Gefahr, der er sich auf Verlangen des Gesetzes aussetzen soll; und wenn der Fürst ihm gesagt hat: »Dein Tod ist für den Staat erforderlich«, so muss er sterben, da er nur auf diese Bedingung bisher in Sicherheit gelebt hat und sein Leben nicht mehr ausschließlich eine Wohltat der Natur, sondern ein ihm bedingungsweise bewilligtes Geschenk des Staates ist.

Die über die Verbrecher verhängte Todesstrafe kann so ziemlich aus demselben Gesichtspunkt angesehen werden. Um nicht das Schlachtopfer eines Mörders zu werden, gibt man seine Einwilligung dazu, selbst zu sterben, wenn man ein solcher werden sollte. Anstatt bei diesem Vertrag über sein Leben zu verfügen, geht man nur darauf aus, es zu schützen; jedenfalls lässt es sich nicht annehmen, dass irgendeiner der Vertragabschließenden im Voraus daran gedacht habe, sich hängen zu lassen.

Überdies wird jeder Übeltäter dadurch, dass er das Gesellschaftsrecht verletzt, infolge seiner Verbrechen zum Aufrührer und Verräter an seinem Vaterland; durch Übertretung der Gesetze desselben hört er auf, als sein Glied zu gelten, und führt sogar offen Krieg gegen dasselbe. In diesem Fall ist die Erhaltung des Staates mit der seinigen unvereinbar; einer von beiden muss zugrunde gehen, und wenn man den Schuldigen den Tod erleiden lässt, so stirbt er nicht sowohl als Bürger, sondern als Feind. Die Prozessakten und das Urteil sind die Beweise und die Darlegung, dass er den Gesellschaftsvertrag gebrochen hat und folglich kein Mitglied des Staates mehr ist. Da er sich nun als solches, und wenn auch nur durch seinen Aufenthalt daselbst, anerkannt hat, so muss er als Bundbrüchiger durch Verbannung oder als öffentlicher Feind durch den Tod ausgestoßen werden, denn ein solcher Feind ist keine moralische Person, er ist nichts als ein Mensch, und unter diesen Umständen ist Tötung des Besiegten Kriegsrecht.

Die Verurteilung eines Verbrechers aber, wird man einwenden, ist eine Privatsache. Geben wir dies zu. Diese Verurteilung steht nicht dem Staatsoberhaupt zu; es ist ein Recht, das er verleihen kann, während er es persönlich nicht ausüben darf. Alle meine Gedanken stehen in geordnetem Zusammenhang, wenn ich auch unfähig bin, sie alle auf einmal auseinanderzusetzen.

Die häufige Wiederkehr von Todesstrafen ist stets ein Zeichen der Schwäche oder Schlaffheit der Regierung. Es gibt keinen Bösewicht, den man nicht zu irgendetwas tauglich machen könnte. Man besitzt nicht das Recht, jemanden zu töten, nicht einmal des abschreckenden Beispiels wegen, es müsste denn sein Fortbestand gefährlich sein.

Das Recht der Begnadigung oder der Freisprechung des Schuldigen von der durch das Gesetz bestimmten und vom Richter ausgesprochenen Strafe gebührt nur dem, der über Richter und Gesetz steht, das heißt dem Staatsoberhaupt; sogar dessen Recht ist nicht völlig unanfechtbar, und nur in sehr seltenen Fällen wird er davon Gebrauch machen. In einem gut regierten Staat kommen wenige Bestrafungen vor, nicht weil das Begnadigungsrecht häufig angewandt wird, sondern weil sich wenige Verbrecher finden. Die Menge der Verbrechen sichert beim Verfall des Staates ihre Straflosigkeit. In der römischen Republik fühlten sich weder die Konsuln noch der Senat je zu einer Begnadigung versucht; selbst das Volk begnadigte nicht, wenn es auch bisweilen sein eigenes Urteil zurücknahm. Häufige Begnadigungen geben zu erkennen, dass man für Freveltaten ihrer bald nicht mehr bedürfen wird, und jeder sieht ein, wohin das führt. Allein ich spüre, dass mein Herz sich empört und meine Feder zurückhält; wir wollen die Besprechung dieser Fragen dem Gerechten überlassen, der nie strauchelte und nie selbst der Gnade bedurfte.

6. KAPITEL
Vom Gesetz

Durch den Gesellschaftsvertrag haben wir dem politischen Körper zum Dasein und Leben verholfen; jetzt kommt es darauf an, ihn durch die Gesetzgebung mit Tatkraft und Willenskraft zu erfüllen. Denn der ursprüngliche Akt, durch den er sich bildet und verbindet, veranlasst noch nicht, was er zu seiner Erhaltung tun müsse.

Das an sich Gute und Ordnungsmäßige besteht lediglich durch die Natur der Sache und ist unabhängig von menschlichen Verträgen. Alle Gerechtigkeit kommt von Gott, er allein ist ihre Quelle; wären wir imstande, sie gleich von oben zu empfangen, so hätten wir weder Regierung noch Gesetze nötig. Ohne Zweifel ist eine allgemeine Gerechtigkeit vorhanden, die nur von der Vernunft ausgeht; allein um bei uns anerkannt zu werden, muss diese Gerechtigkeit gegenseitig sein. Betrachtet man die Dinge nur vom menschlichen Gesichtspunkte aus, so sind die Gesetze der Gerechtigkeit in Ermangelung einer natürlichen Bestätigung derselben unter den Menschen völlig überflüssig; sie dienen nur zum Besten des Bösen und zum Nachteil des Rechtschaffenen, wenn Letzterer sie gegen jedermann beobachtet, während niemand sie ihm gegenüber befolgt. Es bedarf also gewisser Verträge und Gesetze, um die Rechte mit den Pflichten zu vereinbaren und die Gerechtigkeit auf ihr Gebiet zurückzuführen. Im Zustand der Natur, wo alles gemeinsam ist, habe ich niemandem etwas versprochen und bin deshalb auch niemandem etwas schuldig; ich gestatte dem anderen nur den Besitz dessen, was mir unnütz ist. In dem staatsbürgerlichen Zustand, wo alle Rechte durch das Gesetz bestimmt sind, ist das nicht der Fall.

Aber was ist denn schließlich ein Gesetz? Solange man es dabei bewenden lässt, mit diesem Worte nur metaphysische Begriffe zu verbinden, wird man unaufhörlich Redensarten machen, ohne sich selber klar zu werden, und trotz aller Erläuterung eines Naturgesetzes noch immer nicht besser wissen, was ein Staatsgesetz ist.

Ich habe bereits gesagt, dass es über einen besonderen Gegenstand keinen allgemeinen Willen gäbe. Dieser besondere Gegenstand betrifft nun den Staat oder betrifft ihn nicht. Betrifft er den Staat nicht, so kann ein Wille, an dem er unbeteiligt ist, in Bezug auf ihn auch kein allgemeiner sein; betrifft jener Gegenstand dagegen den Staat, so bildet er ja einen Teil desselben. Dann entsteht zwischen dem Ganzen und seinem Teil ein Verhältnis, das zwei getrennte Wesen aus ihnen macht; das eine stellt der Teil, und das um ebendiesen Teil verminderte Ganze das andere dar. Allein das Ganze, dem ein Teil entzogen, ist nicht mehr das Ganze; und solange dieses Verhältnis fortbesteht, gibt es kein Ganzes mehr, sondern es sind zwei ungleiche Teile vorhanden; daraus folgt, dass der Wille des einen in Bezug auf den anderen ebenfalls kein allgemeiner ist.

Sobald jedoch das ganze Volk über das ganze Volk beschließt, nimmt es nur auf sich selbst Rücksicht, und bildet sich dann ein Verhältnis, so findet es ohne irgendeine Teilung des Ganzen nur zwischen dem ganzen Gegenstand unter einem Gesichtspunkt und dem ganzen Gegenstand unter einem anderen Gesichtspunkt statt. Dann ist die Sache, über die man beschließt, ebenso allgemein wie der Wille, der beschließt; und diesen Akt eben nenne ich ein Gesetz.

Wenn ich sage, dass der Gegenstand der Gesetze immer allgemein ist, so meine ich damit, dass das Gesetz die Untertanen insgesamt und die Handlungen an sich ins Auge fasst, dagegen nie einen Menschen als Einzelnen und ebenso wenig eine besondere Handlung. Demnach kann das Gesetz wohl bestimmen, dass es Privilegien geben soll, kann sie aber niemandem namentlich verleihen. Das Gesetz kann mehrere Staatsbürgerklassen schaffen und sogar die Eigenschaften angeben, die diesen Klassen Recht geben werden, kann aber nicht die Aufnahme dieses oder jenes in eine derselben verfügen. Es kann eine königliche Regierung und eine erbliche Thronfolge einführen, aber es kann weder einen König erwählen noch eine königliche Familie ernennen. Mit einem Wort: Jedes mit einem Einzelwesen vorzunehmende Geschäft ist der gesetzgebenden Gewalt entzogen.

Auf Grund dieser Vorstellung sieht man sofort, dass man nicht mehr danach fragen darf, wem die Gesetzgebung gebührt, da die Gesetze Akte des allgemeinen Willens sind; auch nicht, ob der Fürst über den Gesetzen steht, da er ein Glied des Staates ist, ebenso wenig ob das Gesetz ungerecht sein kann, da niemand gegen sich selbst ungerecht ist; und ebenfalls nicht, wie man frei und doch zugleich den Gesetzen unterworfen sein kann, da Letztere nur Verzeichnisse unserer eigenen Willensmeinungen sind.

Ferner ist es begreiflich: Da das Gesetz die Gesamtheit des Willens mit der des Gegenstandes verbindet, so ist der eigenmächtige Befehl irgendeines Menschen, wer er auch immer sein möge, niemals ein Gesetz; sogar was das Staatsoberhaupt über einen einzelnen Gegenstand verordnet, ist durchaus nicht ein Gesetz, sondern eine Verordnung, nicht ein Akt der Oberherrlichkeit, sondern der Obrigkeit.

Republik nenne ich deshalb jeden von Gesetzen regierten Staat, möge die Form der Verwaltung auch sein, welche sie wolle, denn nur in diesem Fall gebietet das Staatsinteresse und gilt jede Angelegenheit als Staatsangelegenheit. Jede rechtmäßige Regierung ist republikanisch.* Was eine Regierung ist, werde ich späterhin erklären.

Die Gesetze sind eigentlich nur die Bedingungen der bürgerlichen Genossenschaft. Das Volk, das Gesetzen unterworfen ist, muss auch ihr Urheber sein; nur denen, die sich verbinden, obliegt es, die Bedingungen der Vereinigung zu regeln. Aber wie sollen sie sie regeln? Etwa auf Grund einer gemeinschaftlichen Übereinstimmung infolge einer plötzlichen Begeisterung? Besitzt der politische Körper ein Organ, um seine Willensmeinungen auszusprechen? Wer wird ihn mit der nötigen Voraussicht ausrüsten, um die Beschlüsse im Voraus zu fassen und bekanntzumachen, oder wie wird er sie, sobald es sich nötig macht, aussprechen? Wie sollte eine blinde Menge, die oft nicht weiß, was sie will, weil sie selten weiß, was ihr heilsam ist, imstande sein, ein so großes, so schweres Unternehmen, wie es ein System der Gesetzgebung ist, von sich selbst auszuführen? Von sich selbst will das Volk immer das Gute, aber es erkennt dasselbe nicht immer von sich selbst. Der allgemeine Wille ist stets richtig, allein das Urteil, welches ihn leitet, ist nicht immer im Klaren. Man muss ihn die Gegenstände so sehen lassen, wie sie sind, bisweilen so, wie sie ihm erscheinen sollen; man muss ihm den rechten Weg, den er sucht, weisen, ihn vor der Verführung durch den Willen Einzelner hüten, ihm die Orte und Zeiten näher vor Augen stel-

* Ich verstehe unter diesem Wort nicht bloß eine Aristokratie oder Demokratie, sondern jede von dem allgemeinen Willen, d. h. von dem Gesetz geleitete Regierung. Die Regierung darf, um rechtmäßig zu sein, nicht mit dem Staatsoberhaupt zusammenfallen, sondern muss die Dienerin desselben sein; dann ist sogar die Monarchie selbst Republik. Das werde ich im nächsten Buch klarzumachen versuchen.

len und den Reiz der gegenwärtigen und sichtbaren Vorteile durch die Gefahr der entfernten und verborgenen Übel ausgleichen. Die Einzelnen sehen das Gute, das sie verwerfen; der Staat will das Gute, das er nicht sieht. Alle bedürfen der Führer in gleicher Weise; Erstere muss man zwingen, ihren Willen der Vernunft anzupassen, Letzteren muss man zur Erkenntnis dessen bringen, was er will. Dann geht im Gesellschaftskörper aus der allgemeinen Einsicht die Vereinigung des Urteils und des Willens hervor, und das Ergebnis davon ist das genaue Zusammenwirken der einzelnen Teile und schließlich die höchste Kraft des Ganzen. Hieraus ergibt sich die Notwendigkeit eines Gesetzgebers.

7. KAPITEL
Der Gesetzgeber

Um die für das Wohl der Völker am besten geeigneten Grundsätze der Gesellschaft aufzufinden, bedürfte es eines höheren Geistes, der alle Leidenschaften der Menschen überschaute und keine derselben empfände; dem jede Beziehung zu unserer Natur fehlte und der trotzdem aus dem Grund von ihr Kenntnis besäße; dessen Glück von uns unabhängig wäre und der dennoch Neigung hätte, sich mit dem unsrigen zu beschäftigen; der sich endlich im Verlauf der Zeit einen erst in weiter Ferne hervortretenden Ruhm erwürbe und in einem Jahrhundert arbeiten könnte, um erst in einem anderen* die Früchte seiner Ar-

* Ein Volk wird erst berühmt, wenn seine Gesetzgebung in Verfall zu geraten beginnt. Man weiß nicht, wie viele Jahre bereits Lykurgs Verfassung das Glück der Spartaner ausmachte, ehe von ihnen im übrigen Griechenland die Rede war.

beit zu genießen. Es bedürfte göttlicher Wesen, um den Menschen Gesetze zu geben.

Dieselbe Schlussfolgerung, die Caligula in Bezug auf die Tatsachen machte, stellte Plato in Bezug auf das Recht an, um den bürgerlichen oder königlichen Menschen, den er in seinem Buch über die Regierung* darzustellen sucht, zu kennzeichnen. Wenn es auf Wahrheit beruht, dass ein bedeutender Fürst ein seltener Mensch ist, was wird dann erst ein bedeutender Gesetzgeber sein? Der Erste braucht nur dem Vorbild zu folgen, das ihm der andere aufstellen muss. Dieser ist der Mechaniker, der die Maschine erfindet, jener nur der Arbeiter, der sie aufzieht und in Gang erhält. »Bei der Bildung der Gesellschaften«, sagt Montesquieu, »geben die Oberhäupter der Republiken die Verfassung, und nachher macht diese Verfassung die Oberhäupter der Republiken aus.«**

Wer den Mut besitzt, einem Volk Einrichtungen zu geben, muss sich imstande fühlen, gleichsam die menschliche Natur umzuwandeln, jedes Individuum, das für sich ein vollendetes und einzeln bestehendes Ganze ist, zu einem Teil eines größeren Ganzen umzuschaffen, aus dem dieses Individuum gewissermaßen erst Leben und Wesen erhält; die Beschaffenheit des Menschen zu seiner eigenen Kräftigung zu verändern und an die Stelle des leiblichen und unabhängigen Daseins, das wir *alle* von der Natur empfangen haben, ein nur teilweises und geistiges Dasein zu setzen. Kurz, er muss dem Menschen die ihm eigentümlichen Kräfte nehmen, um ihn mit anderen auszustatten, die seiner Natur fremd sind und die er ohne den Beistand an-

* Man vergleiche Platos Dialog, der in den lateinischen Übersetzungen die Überschrift *Politicus oder Vir civilis* trägt. Einige haben ihm auch die Überschrift *de regno* gegeben.

** Vergleiche *Grandeur et decadence des Romains*, Kap. I

derer nicht zu benutzen versteht. Je mehr diese natürlichen Kräfte erstorben und vernichtet und je größer und dauerhafter die erworbenen sind, desto sicherer und vollkommener ist auch die Verfassung. Das heißt, wenn jeder Bürger nur durch alle anderen etwas ist und vermag und wenn die erlangte Kraft des Ganzen der Summe der natürlichen Kräfte aller Individuen gleich ist oder sie übertrifft, erst dann kann man sagen, dass sich die Gesetzgebung auf dem höchsten Punkt der Vollkommenheit befindet, den sie zu erreichen imstande ist.

Der Gesetzgeber ist in jeder Beziehung ein außerordentlicher Mann im Staat. Wenn er es schon durch seinen Geist sein muss, so ist er es nicht weniger durch sein Amt. Es ist kein obrigkeitliches und auch kein mit der Oberherrlichkeit zusammenhängendes. Dieses Amt, das das Gemeinwesen organisiert, ist selbst kein Bestandteil der Verfassung. Es ist eine besondere und erhabenere Tätigkeit, die mit der menschlichen Herrschaft nichts gemein hat; denn wenn der Beherrscher der Menschen nicht zugleich der der Gesetze sein darf, so darf der Beherrscher der Gesetze ebenso wenig der der Menschen sein, sonst würden diese Gesetze als Werkzeuge seiner Leidenschaften oft nur seine Ungerechtigkeiten fortpflanzen; nie könnte er vermeiden, dass Privatzwecke die Heiligkeit seines Werkes trübten.

Als Lykurg seinem Vaterland Gesetze gab, legte er zunächst die königliche Würde nieder. Bei der Mehrzahl der griechischen Städte war es Sitte, Fremden die Abfassung ihrer Gesetze anzuvertrauen. Die neueren Republiken Italiens ahmten diesen Gebrauch oft nach; auch Genf befolgte ihn und befand sich dabei wohl.* Rom sah während seines schönsten Zeitalters

* Wer Calvin nur als Theologen kennt, hat ein geringes Verständnis für den Umfang seines Geistes. Die Abfassung unserer weisen Verordnun-

alle Verbrechen der Tyrannei in seinem Schoße aufs Neue erwachen und sich nahe am Untergang, weil es die gesetzgebende und oberherrliche Gewalt in denselben Händen vereinigt hatte.

Gleichwohl maßten sich selbst die Dezemvirn nie das Recht an, allein aus eigener Machtvollkommenheit irgendein Gesetz zu erlassen. »Keiner unserer Vorschläge«, sagten sie zum Volk, »kann ohne eure Genehmigung Gesetzeskraft erhalten. Römer, seid selbst die Urheber der Gesetze, die zu eurem Glück führen sollen!«

Der Abfasser der Gesetze hat demnach keine gesetzgebende Berechtigung oder sollte sie doch nicht haben, und selbst wenn es wollte, kann das Volk auf dieses nicht übertragbare Recht auf keinen Fall verzichten, weil nach dem Urvertrag nur der allgemeine Wille die Einzelnen verpflichtet und es sich erst nach der freien Abstimmung des Volkes mit Sicherheit bestimmen lässt, ob der Wille des Einzelnen mit dem allgemeinen in Einklang ist. Obgleich ich dies bereits gesagt habe, ist es doch zweckmäßig, es zu wiederholen.

Demzufolge findet man in dem Werk der Gesetzgebung zwei scheinbar unvereinbare Dinge vereint; ein die menschliche Kraft übersteigendes Unternehmen und zu seiner Ausführung eine Macht, die gleich Null ist.

Hierzu tritt noch eine andere Schwierigkeit, die ebenfalls Beachtung verdient. Die Weisen, die sich dem Volk gegenüber ihrer eigenen Sprache statt der seinigen bedienen wollen, wür-

gen, an der er einen hervorragenden Anteil hatte, bringt ihm ebenso viel Ehre als seine Kirchenverbesserung. Welchen Umschwung die Zeit auch in unserer Gottesverehrung herbeiführen möge, wird das Gedächtnis dieses großen Mannes, solange Vaterlands- und Freiheitsliebe nicht erloschen ist, doch immerdar gesegnet sein.

den unfähig sein, sich ihm verständlich zu machen. Tausenderlei Begriffe lassen sich aber nie in die Sprache des Volkes übertragen. Allzu allgemeine Gesichtspunkte und allzu entfernte Ziele übersteigen in gleicher Weise seine Fassungskraft. Da jedem Einzelnen nur der auf sein Privatinteresse abzielende Regierungsplan zusagt, so sieht er sehr schwer ein, welche Vorteile er aus den durch gute Gesetze ihm auferlegten beständigen Beraubungen gewinnen soll. Damit ein im Entstehen begriffenes Volk Gefallen an den gesunden Grundsätzen der Staatskunst finden und die Grundregeln des Staatsrechtes befolgen könnte, wäre es nötig, dass die Wirkung zur Ursache würde, dass der gesellschaftliche Geist, der das Werk der Verfassung sein soll, selbst den Vorsitz in der Verfassung führen sollte, und dass die Menschen schon vor dem Bestehen der Gesetze das wären, was sie erst durch dieselben werden sollen. Da nun also der Gesetzgeber weder Gewalt noch Urteilskraft anwenden kann, so muss er notwendigerweise zu einer anerkannten Macht einer anderen Rangstufe, die ohne Zwang hinzureißen und ohne zu überzeugen, doch zu überreden vermag, seine Zuflucht nehmen.

Das war es, was die Väter der Nationen zu allen Zeiten zwang, zu einer Vermittlung des Himmels Zuflucht zu nehmen und die Götter aus eigener Klugheit zu ehren, damit die Menschen, die sowohl den Gesetzen des Staates wie denen der Natur unterworfen sind und dieselbe Macht in der Bildung des Menschen wie in der des Staates anerkennen, freiwillig gehorchen und das Joch des Staatsglückes gelehrig tragen möchten.

Diese höhere Einsicht, die sich über den Gesichtskreis der gewöhnlichen Menschen erhebt, ist es, deren Entscheidungen der Gesetzgeber den Unsterblichen in den Mund legt, um solche, die sich durch menschliche Klugheit nicht erschüttern ließen, durch das göttliche Ansehen mit fortzureißen.* Allein es ist nicht jedermanns Sache, die Götter reden zu lassen oder Glauben zu finden, wenn er sich für ihren Dolmetscher ausgibt. Die erhabene Seele des Gesetzgebers ist das einzige Wunder, das seine Sendung beweisen muss. Jeder kann Gebote auf steinerne Tafeln eingraben oder ein Orakel erkaufen oder einen geheimen Umgang mit irgendeiner Gottheit vorgeben oder einen Vogel abrichten, ihm etwas in das Ohr zu zwitschern, oder andere plumpe Mittel zur Täuschung des Volkes erfinden. Wer sich nur auf dergleichen versteht, kann aus Zufall wohl einen Haufen Narren um sich sammeln, wird aber nie ein Reich gründen, und sein abenteuerliches Werk wird mit ihm bald zugrunde gehen. Nichtige Gaukeleien bilden kein haltbares Band, nur die Klugheit macht es dauerhaft. Das jüdische Gesetz, das noch immer besteht, wie der Islam, der seit zehn Jahrhunderten die halbe Welt regiert, geben noch heutzutage die Größe ihrer Stifter zu erkennen, und während philosophischer Stolz oder blinder Parteigeist in ihnen nur glückliche Betrüger erblickt, bewundert der wahre Staatsmann in ihren Verfassungen den großen und gewaltigen Geist, der dauerhafte Einrichtungen ins Leben ruft.

* »*E veramente*«, sagt Machiavelli, »*mai non fù alcone ordinatore di leggi straordinarie in un popolo, che non ricorrezze a Dio, perchè altrimenti non sarebbero accettate; perchè sono molti beni conosciuti da uno prudente, i quali non hanno in se ragioni evidenti da potergli persuadere ad alterui.*« (Discorsi sopra Tito Livio, lib. I, Kap. XI)
»Und wahrhaftig«, sagt Machiavelli, »gab es noch nie einen außergewöhnlichen Gesetzgeber in irgendeinem Volk, der sich nicht auf Gott berufen hätte – weil seine Gesetze sonst nicht angenommen worden wären. Denn bei vielen erkennt ein Fachmann leicht, dass sie keine schlüssige Begründung in sich tragen, die andere hätte überzeugen können.«

Man braucht aus all diesem noch nicht mit Warburton* zu schließen, dass bei uns Politik und Religion einen gemeinsamen Zweck haben, sondern nur, dass beim Entstehen der Völker die eine der anderen als Werkzeug dient.

8. KAPITEL
Das Volk

Wie der Baumeister vor Aufführung eines großen Gebäudes den Erdboden beobachtet und untersucht, um zu sehen, ob er die Last auszuhalten vermag, so macht der weise Gründer eines Staates nicht damit den Anfang, an sich gute Gesetze zu erlassen, sondern er prüft vorher, ob das Volk, für das er sie bestimmt, fähig ist, sie zu ertragen. Aus diesem Grund lehnte es Plato ab, den Arkadiern und Kyrenäern Gesetze zu geben, da er wusste, dass diese beiden Völker reich waren und die Gleichheit nicht ausstehen konnten; deshalb sah man in Kreta gute Gesetze und schlechte Menschen, weil es Minos bei seiner Gesetzgebung nur mit einem von Lastern fast erdrückten Volk zu tun gehabt hatte.

Tausende von Nationen, die nie gute Gesetze hätten ertragen können, haben auf Erden geglänzt, und selbst solche, die dazu imstande gewesen wären, haben es während ihres ganzen Bestandes nur eine sehr kurze Zeit vermocht. Gleich den Menschen sind die meisten Völker nur in ihrer Jugend gelehrig; im Alter werden sie unverbesserlich. Wenn sich erst Gewohnheiten eingestellt haben und Vorurteile eingewurzelt sind, so ist der Versuch zu ihrer Umgestaltung ebenso gefährlich wie vergeb-

* Ein berühmter englischer Theologe, der im Jahr 1779 gestorben ist.

lich; das Volk kann es einmal nicht leiden, dass man seine Gebrechen berührt, um sie aus der Welt zu schaffen; es gleicht darin den einfältigen und furchtsamen Kranken, die bei dem Anblick des Arztes mit den Zähnen klappern.

Wie gewisse Krankheiten den Kopf der Menschen verwirren und ihnen das Gedächtnis rauben, so kommen im Verlauf der Staaten bisweilen leidenschaftlich erregte Zeitabschnitte vor, in denen Revolutionen auf die Völker eine gleiche Wirkung ausüben wie gewisse Krisen auf einzelne Menschen und der Abscheu vor der Vergangenheit die Stelle der Vergessenheit ersetzt, Zeitabschnitte, in denen der durch Bürgerkriege in Brand gesetzte Staat wie aus der Asche wiedergeboren wird und die Kraft der Jugend wiedergewinnt, nachdem er sich erst mühsam aus den Armen des Todes freigemacht hat. Dies zeigt Sparta zur Zeit Lykurgs und Rom nach der Vertreibung der Tarquinier, dies haben zu unserer Zeit Holland und die Schweiz nach der Vertreibung ihrer Tyrannen bewiesen.

Aber solche Entwicklungen sind selten; es sind Ausnahmen, deren Grund stets in der besonderen Verfassung des sich ausnahmsweise entwickelnden Staates liegt. Sie würden sogar nicht zweimal bei demselben Volk stattfinden können, denn es vermag sich nur frei zu machen, solange es noch im Zustand der Barbarei verharrt, aber es ist dazu nicht mehr imstande, wenn die Kraft des Bürgerstandes verbraucht ist. Dann können die Unruhen es vernichten, ohne dass es die Revolutionen wiederherstellen können, und es zerfällt und besteht nicht länger, sobald seine Fesseln gebrochen sind; von dem Augenblick an hat es einen Herrn und nicht einen Befreier nötig. Ihr freien Völker, seid der Wahrheit eingedenk: »Man kann sich die Freiheit erringen, gewinnt sie aber nie noch einmal!«

Man unterscheide zwischen Jugend und Kindheit; es gibt für die Völker wie für die Menschen eine Zeit der Jugend oder, wenn man will, der Reife, die man abwarten muss, ehe man sich den Gesetzen unterwirft; allein die Reise eines Volkes ist nicht immer leicht zu erkennen, und wenn man ihr zuvorkommt, ist das Werk verfehlt. Das eine Volk ist schon beim Entstehen bildungsfähig, das andere noch nicht nach zehn Jahrhunderten. Die Russen werden nie wahrhaft gesittet werden, weil sie es zu früh werden sollten. Peter besaß den Geist der Nachahmung, aber nicht das wahre schöpferische Genie, das alles aus dem Nichts ins Leben ruft. Einige seiner Schöpfungen waren gut, die meisten dagegen am unrechten Platz. Er sah die Rohheit seines Volkes, sah jedoch nicht, dass es für höhere Gesittung noch nicht reif war; er wollte es zivilisieren, als es erst der Zucht bedurfte. Er wollte gleich Deutsche und Engländer schaffen, während er damit hätte beginnen müssen, echte Russen zu schaffen. Er trug selbst die Schuld daran, dass seine Untertanen nie das wurden, was sie hätten werden können, indem er sie überredete, sie wären schon, was sie doch nicht sind. Auf gleiche Weise erzieht ein französischer Hofmeister seinen Schüler dazu, um in seiner Kindheit zu glänzen und dann nichts zu sein. Das russische Reich wird darauf ausgehen, Europa zu unterjochen und wird selbst unterjocht werden. Die Tartaren, seine Untertanen oder Nachbarn, werden seine und unsere Herren werden; diese völlige Umwälzung scheint mir unabwendbar. Alle Könige Europas arbeiten einmütig daran, sie zu beschleunigen.

9. KAPITEL

Fortsetzung

Wie die Natur dem Wuchs eines wohlgebildeten Menschen Grenzen gesetzt hat, die nur von Riesen oder Zwergen überschritten werden, so gibt es auch hinsichtlich der besten Zusammensetzung eines Staates Schranken des Umfanges, die er haben darf, damit er nicht zu groß sei, um gut regiert werden zu können, und auch nicht allzu klein, um fähig zu sein, sich durch sich selbst zu erhalten. In jedem politischen Körper gibt es ein Maximum der Kraft, über das er nicht hinausgehen darf und von dem er sich durch Vergrößerungen oft entfernt. Je weiter sich das staatliche Band ausdehnt, umso lockerer wird es, und gewöhnlich ist ein kleiner Staat verhältnismäßig stärker als ein großer.

Tausend Gründe beweisen diesen Satz. Zunächst wird bei großen Entfernungen die Verwaltung beschwerlicher, wie ein Gewicht am Ende eines längeren Hebelarmes schwerer wird. Mit der Zunahme ihrer Abstufungen wird sie auch lästiger, denn zunächst hat jede Stadt ihre Verwaltung, die das Volk bezahlt, jeder Kreis die Seinige, die das Volk ebenfalls bezahlt; sodann jede Provinz, ferner die großen Regierungsbezirke, Statthalterschaften und Vizekönigreiche, die mit zunehmendem Umfange immer teurer und natürlich stets auf Kosten des unglücklichen Volkes bezahlt werden müssen; schließlich kommt noch die oberste Verwaltung, die alles verschlingt. So viele Steuerlasten erschöpfen die Untertaten fortwährend; durch diese verschiedenen Abstufungen werden sie nicht etwa besser regiert, sondern es ergeht ihnen weit schlimmer, als wenn sie es nur mit einer einzigen Verwaltung zu tun hätten. Für außerordentliche Fälle bleiben kaum noch Hilfsmittel übrig, und muss man wirklich zu ihnen seine Zuflucht nehmen, dann steht der Staat regelmäßig am Vorabend seines Unterganges.

Das ist noch nicht alles: Die Regierung hat nicht nur weniger Gewalt und Schnelligkeit, um die Gesetze beobachten zu lassen, Bedrückungen zu wehren, Missbräuche abzustellen, aufrührerischen Unternehmungen vorzubeugen, die in entfernten Gegenden stattfinden könnten, sondern das Volk hat auch weniger Liebe zu seinen Vorgesetzten, die es nie sieht, zu seinem Vaterland, das ihm wie die Welt erscheint, und zu seinen Mitbürgern, die ihm größtenteils fremd sind. Für so viele verschiedene Provinzen mit verschiedenen Sitten und unter entgegengesetzten Himmelsstrichen gelegen, die nicht dieselbe Regierungsform vertragen, können die gleichen Gesetze unmöglich angemessen sein. Verschiedene Gesetze erzeugen dagegen unter den Völkern, die infolgedessen, dass sie unter denselben Behörden und in unaufhörlicher Verbindung leben, sich gegenseitig besuchen und untereinander verheiraten und, da sie verschiedenen Gewohnheiten unterworfen sind, doch nicht wissen, ob ihnen ihr Erbteil auch gesichert ist, Unruhe und Verwirrung. Unter einer so großen Schar einander unbekannter Menschen, die der Sitz der höchsten Regierung an dem gleichen Ort vereinigt, bleiben die Talente vergraben, die Tugenden ohne Anerkennung, die Laster ungestraft. Die mit Geschäften überbürdeten Vorgesetzten sehen nichts mit eigenen Augen; Unterbeamte regieren den Staat. Endlich nehmen die Maßregeln, die die Aufrechterhaltung der Regierungsgewalt erforderlich macht, weil sich ihr so viele entfernte Beamte zu entziehen oder sich über sie hinwegzusetzen suchen, alle staatlichen Bemühungen in Anspruch; für das Glück des Volkes bleibt von ihnen nichts übrig; kaum sorgt man im Notfall für seine Verteidigung. Auf diese

Weise schwächt sich ein in Bezug auf seine Zusammensetzung zu großer Körper und sinkt unter seiner eigenen Last zerschmettert zusammen.

Andererseits muss sich der Staat eine sichere Grundlage geben, die ihm Festigkeit verleiht, um den unausbleiblichen Erschütterungen widerstehen und die Anstrengungen aushalten zu können, zu denen ihn seine Erhaltung zwingen wird; denn alle Völker haben eine gewisse Zentrifugalkraft, vermöge derer sie unaufhörlich aufeinander einwirken und sich auf Kosten ihrer Nachbarn zu vergrößern streben wie die Gedankenstrudel des Philosophen Descartes. So laufen die Schwachen denn Gefahr, bald verschlungen zu werden, und keiner kann sich anders erhalten, als dass er sich mit allen in eine Art Gleichgewicht setzt, das den Druck nach allen Seiten ungefähr gleichmäßig macht.

Hieraus geht klar hervor, dass es sowohl Gründe zur Erweiterung wie Gründe zur Einengung gibt, und es ist nicht das unbedeutendste Talent des Staatsmannes, zwischen den einen wie den anderen das der Erhaltung des Staates günstigste Verhältnis zu finden. Im Allgemeinen kann die Behauptung aufgestellt werden, dass die Ersteren, da sie nur äußerlich und relativ sind, den Letzteren als den innerlichen und allgemeingültigen untergeordnet sein müssen. Eine gesunde und starke Verfassung muss zunächst erstrebt werden, und man darf sich mehr auf die Kraft verlassen, die aus einer guten Regierung hervorgeht, als auf die Hilfsmittel, die ein großes Gebiet darbietet.

Übrigens hat es so eigentümlich organisierte Staaten gegeben, dass ihre eigene Verfassung die Notwendigkeit zu Eroberungen zur Folge hatte und sie zu ihrer Erhaltung gezwungen waren, sich unaufhörlich zu vergrößern. Wie stolz sie auf diese wunderliche Notwendigkeit vielleicht auch waren, so enthüllte sie ihnen doch auf dem höchsten Gipfel ihrer Größe den unvermeidlichen Augenblick ihres Falls.

10. KAPITEL
Fortsetzung

Man kann einen politischen Körper auf zweierlei Weise messen, nämlich nach dem Gebietsumfang und nach der Volksmenge, und zwischen diesen beiden Maßstäben findet sich das richtige Verhältnis zur Bestimmung der wahren Größe des Staates. Die Menschen bilden den Staat, und der Erdboden ernährt die Menschen; das Verhältnis beruht folglich darauf, dass das Land zum Unterhalt seiner Bewohner genügt und so viele Menschen auf ihm wohnen, wie es zu ernähren vermag. In diesem Gleichmaß liegt das Maximum der Kraft einer gegebenen Volksmenge, denn ist das Gebiet zu groß, so ist der Schutz der Grenzen beschwerlich, die Bebauung ungenügend, der Ertrag über das Notwendige hinausgehend; dies ist die nächste Veranlassung zu Verteidigungskriegen. Im umgekehrten Fall hängt der Staat, um sich das Fehlende zu verschaffen, lediglich von der Willkür seiner Nachbarn ab, und hierin liegt wieder die nächste Veranlassung zu Angriffskriegen. Jedes Volk, das wegen seiner Lage nur die Wahl zwischen Handel und Krieg hat, ist an und für sich schwach, hängt von seinen Nachbarn wie von den Ereignissen ab und hat nur ein unsicheres und kurzes Dasein. Es unterjocht und verändert seine Lage oder es wird unterjocht und vernichtet. Nur durch Kleinheit oder Größe kann es sich frei erhalten.

Ein festes Verhältnis zwischen der Ausdehnung des Landes und der Anzahl der Menschen, wie sie füreinander genügen, lässt sich nicht berechnen, denn die verschiedenen Eigenschaften des Bodens, die Grade seiner Fruchtbarkeit, die Natur seiner Erzeugnisse, der Einfluss des Klimas, das alles ist ebenso verschieden, wie es die Temperamente der Bewohner sind, von denen ein Teil in einem fruchtbaren Land wenig und wieder ein anderer auf einem undankbaren Boden viel verzehrt. Ferner muss die größere oder geringere Fruchtbarkeit der Frauen, muss die der Bevölkerung mehr oder weniger günstige Eigentümlichkeit des Landes, muss endlich auch die Leistungsfähigkeit berücksichtigt werden, die der Gesetzgeber Hoffnung hat durch seine Einrichtungen herbeizuführen, so dass er sein Urteil nicht auf das Sichtbare, sondern auf das Voraussichtliche stützen, nicht bei dem gegenwärtigen Stand der Bevölkerung, sondern bei demjenigen stehenbleiben muss, den sie der Natur gemäß erreichen soll. Endlich gibt es noch tausenderlei Fälle, in denen es besondere Eigenschaften des Landes erfordern oder doch gestatten, dass man ein größeres Gebiet einnimmt, als nötig erscheint. In einer gebirgigen Gegend wird man sich über ein großes Gebiet ausbreiten müssen, da in ihr die natürlichen Erzeugnisse, nämlich Holz und Viehweiden, weniger Arbeit verlangen, die Frauen der Erfahrung nach fruchtbarer als in den Ebenen sind, und der wellenförmige Boden nur wenige ebene Flächen darbietet, die doch allein für die Pflanzenwelt geeignet sind. An der Meeresküste dagegen kann man selbst zwischen Felsen und auf fast unfruchtbaren Sandflächen enger nebeneinander wohnen, weil hier die Fischerei zum großen Teil die Produkte des Landes zu ersetzen vermag, die Bewohner zur Zurückweisung der Seeräuber dichter zusammengedrängt sein müssen, und man außerdem mehr Gelegenheit hat, die überzählige Volksmenge durch Kolonien abzuleiten.

Zu diesen zur Gründung eines Volkes erforderlichen Bedingungen muss man noch eine hinzufügen, die allerdings nicht imstande ist, irgendeine der anderen zu ersetzen, ohne die jedoch alle vergeblich sind: Es muss Überfluss und Frieden herrschen; denn die Zeit der Ordnung eines Staates gleicht der der Formierung einer Streitmacht, in der sie am wenigsten zum Widerstand fähig und am leichtesten zu vernichten ist. Man würde bei völliger Unordnung besser Widerstand leisten können als im Augenblick der Gärung, in dem sich jeder mit seinem Platz in Reih und Glied und nicht mit der Gefahr beschäftigt. Entsteht in solcher kritischen Zeit plötzlich ein Krieg, eine Hungersnot, ein Aufruhr, so bricht der Staat rettungslos zusammen.

Ich weiß sehr wohl, dass gerade während solcher Stürme viele Regierungen gegründet worden sind, aber dann sind es eben die Regierungen selbst, die den Staat zerstören. Stets führen Thronräuber solche Zeiten der Verwirrung herbei oder benutzen sie wenigstens, um unter dem allgemeinen Schrecken zerstörende Gesetze einzuführen, die das Volk mit kaltem Blut nie annehmen würde. Die Wahl des Augenblicks zur Gründung eines Staates ist eines der sichersten Kennzeichen, an denen man das Werk des Gesetzgebers von dem des Tyrannen unterscheiden kann.

Welches Volk ist denn aber zur Annahme von Gesetzen fähig? Ein durch irgendeine Einheit des Ursprungs, des Interesses oder der Übereinkunft verbundenes, das noch nicht das wahre Joch der Gesetze getragen hat; ein noch nicht von Gewohnheiten und Aberglauben behaftetes; ein Volk, das nicht zu befürchten braucht, durch irgendeinen plötzlichen Einfall erdrückt zu werden; das, ohne sich in die Streitigkeiten seiner Nachbarn einzulassen, einem jeden derselben allein zu widerstehen oder den einen unter Beistand des anderen zurückzutreiben vermag. Ein Volk, in dem jedes Glied allen bekannt sein kann und man niemandem eine schwerere Last aufzulegen gezwungen ist, als ein Mensch zu tragen imstande ist; das andere Völker entbehren und selbst von jedem anderen Volk entbehrt werden kann;* das weder arm noch reich ist und sich selbst zu genügen vermag; ein Volk endlich, das die Festigkeit eines alten Volkes mit der Gelehrigkeit eines neuen vereinigt. Was das Werk der Gesetzgebung schwierig macht, ist nicht sowohl das Einzuführende als das erst Auszurottende, und die Seltenheit des Erfolges hat ihren Grund in der Unmöglichkeit, die Einfachheit der Natur mit den Bedürfnissen der Gesellschaft vereinigt zu finden. Allerdings finden sich alle diese Bedingungen selten beieinander; deshalb haben auch wenige Staaten eine gute Verfassung.

In Europa gibt es noch ein zu einer guten Gesetzgebung fähiges Land, die Insel Korsika. Die Tapferkeit und Ausdauer, mit der dieses heldenmütige Volk seine Freiheit wiederzuerlangen und zu verteidigen verstand, verdienten wohl, dass irgendein Weiser es lehrte, seine Freiheit zu bewahren. Eine Ahnung lebt in mir, dass diese kleine Insel Europa noch einst in Erstaunen setzen wird.

* Wenn von zwei Nachbarvölkern sich das eine nicht ohne das andere behelfen könnte, so würde dies für das Erstere eine sehr widerwärtige und für das Zweite eine sehr gefährliche Lage sein. Jede verständige Nation wird in einem solchen Fall alles aufbieten, die andere auf das Schnellste von dieser Abhängigkeit zu befreien. Die mitten im mexikanischen Reich liegende Republik Tlaxcala wollte das Salz lieber entbehren, als es von den Mexikanern zu kaufen oder auch nur umsonst von ihnen anzunehmen. Die klugen Tlaxcalteken erkannten die unter dieser Freigebigkeit verborgene Schlinge. Sie erhielten sich frei, und dieser kleine Staat wurde endlich das Werkzeug zum Untergang des großen Reiches, von dem er sich eingeschlossen sah.

11. KAPITEL

Verschiedene Systeme der Gesetzgebung

Bei der Untersuchung, worin denn eigentlich das höchste Wohl aller, das der Zweck eines jeden Systems der Gesetzgebung sein soll, besteht, wird man finden, dass es auf zwei Hauptgegenstände hinausläuft, Freiheit und Gleichheit: Freiheit, weil jede Abhängigkeit des Einzelnen eine ebenso große Kraft dem Staatskörper entzieht, Gleichheit, weil die Freiheit ohne sie nicht bestehen kann.

Ich habe bereits auseinandergesetzt, was bürgerliche Freiheit ist; was nun die Gleichheit anlangt, so ist unter diesem Wort nicht zu verstehen, dass alle eine durchaus gleich große Kraft und einen genau ebenso großen Reichtum besitzen, sondern dass die Gewalt jede Gewalttätigkeit ausschließt und sich nur kraft der Gesetze und der Stellung im Staat äußern darf, dass ferner kein Staatsbürger so reich sein darf, um sich einen anderen kaufen zu können, noch so arm, um sich verkaufen zu müssen.* Dies setzt aufseiten der Großen Mäßigung des Vermögens und des Ansehens, und aufseiten der Kleinen Mäßigung des Geizes und der Habsucht voraus.

Diese Gleichheit halten nun einige für eine politische Träumerei, die nicht in der Praxis existieren könne. Wenn jedoch der Missbrauch unvermeidlich ist, folgt daraus, dass man ihn nicht

* Will man dem Staat Bestand verleihen, so muss man also die äußersten Endpunkte einander möglichst nähern; man darf weder zu Reiche noch Bettler dulden. Diese beiden von Natur aus untrennbaren Stände sind dem Gemeinwohl in gleicher Weise verhängnisvoll; aus dem einen gehen die Beförderer der Tyrannei und aus dem anderen die Tyrannen hervor; zwischen ihnen findet regelmäßig der Verkauf der öffentlichen Freiheit statt; der eine kauft und der andere verkauft sie.

wenigstens einschränken muss? Weil der Lauf der Dinge stets auf die Zerstörung der Gleichheit ausgeht, deshalb muss gerade die Kraft der Gesetzgebung stets auf ihre Erhaltung ausgehen.

Allein die allgemeinen Gegenstände jeder guten Verfassung müssen in jedem Land je nach den Verhältnissen, die sowohl durch die örtliche Lage als auch durch den Charakter der Bewohner hervorgerufen werden, einer Änderung unterliegen, und auf Grund dieser Verhältnisse muss man jedem Volk ein besonderes Verfassungssystem nachweisen, das, wenn auch nicht an und für sich, doch für den betreffenden Staat das Beste ist. Ist zum Beispiel der Boden undankbar und unfruchtbar oder das Land für seine Bewohner zu eng, so pflegt Industrie und Künste und tauscht ihre Erzeugnisse gegen die Waren ein, die euch mangeln. Besteht euer Gebiet im Gegenteil aus reichen Ebenen und fruchtbaren Hügeln und fehlt es euch auf einem guten Boden an Bewohnern, so treibt vor allen Dingen Ackerbau, der die Menschen vermehrt, und haltet die Künste fern, die nur die Entvölkerung des Landes vollenden würden, indem sich die wenigen Bewohner, die es zählt, auf einigen Punkten des Gebietes ansammeln.* Wohnt ihr an ausgedehnten und bequemen Küsten, bedeckt ihr das Meer mit Schiffen, betreibt ihr Handel und Schifffahrt, so werdet ihr eine glänzende, wenn auch nur kurze Existenz haben. Bespült das Meer an euren Küsten nur fast unersteigliche Felsenwände, so bleibet Barbaren und nähret euch von Fischen; ihr werdet dabei ruhiger leben, vielleicht besser

* Mancher Zweig des auswärtigen Handels, sagt Herr d'Argenson, gewährt einem Reich im Allgemeinen nur einen scheinbaren Nutzen; er kann einige Privatleute, ja selbst einige Städte bereichern, allein die Nation im Ganzen gewinnt nichts dabei, und das Volk ist deshalb nicht besser dran.

und sicherlich glücklicher sein. Mit einem Wort, außer den für alle gültigen Grundsätzen besitzt jedes Volk irgendeinen Grund, der ihre Anwendung in einer besonderen Weise verlangt und seine Gesetzgebung für jedes andere Volk ungeeignet macht. So bildete ehemals bei den Hebräern und in neuerer Zeit bei den Arabern die Religion den Hauptgegenstand, bei den Athenern die Wissenschaften, in Karthago und Tyrus der Handel, in Rhodus die Seemacht, in Sparta der Krieg und in Rom die Tapferkeit. Der Verfasser des Geistes der Gesetze hat in einer Menge von Beispielen gezeigt, mit welcher Geschicklichkeit der Gesetzgeber die Verfassung auf jedem dieser Gegenstände zu begründen vermag.

Was der Verfassung eines Staates wirkliche Festigkeit und Dauerhaftigkeit verleiht, ist eine derartige Beobachtung aller Rücksichten, dass die natürlichen Verhältnisse und die Gesetze sich stets in denselben Punkten vereinigen und Letztere jene gleichsam nur bestätigen, begleiten und berichtigen. Legt jedoch der Gesetzgeber in irriger Beurteilung seines Gegenstandes ein anderes Prinzip zugrunde als das sich aus der Natur der Dinge ergebende; bezweckt das eine Knechtschaft und das andere Freiheit; das eine Reichtum und das andere Volksmenge; das eine Frieden und das andere Eroberungen: dann wird man gewahren, wie die Gesetze nach und nach ungültig werden, die Verfassung ausartet, und der Staat so lange in aufhörlicher Unruhe bleibt, bis er zerstört oder verwandelt ist, und die unüberwindliche Natur ihre Herrschaft wiedergewonnen hat.

12. KAPITEL

Einteilung der Gesetze

Um das Ganze anzuordnen oder dem Gemeinwesen die bestmögliche Gestalt zu geben, müssen verschiedene Beziehungen berücksichtigt werden. Zunächst, was die Wirkung des ganzen Körpers auf sich selbst betrifft, das heißt die Beziehung des Ganzen auf das Ganze oder des Oberhauptes auf den Staat; so wird dieses Verhältnis, wie wir später sehen werden, durch das der Zwischenglieder gebildet.

Die Gesetze, die dieses Verhältnis ordnen, heißen Staatsgesetze und werden auch, wenn sie vernünftig sind, nicht ohne Ursache Grundgesetze genannt, denn wenn es in jedem Staat nur eine gute Art und Weise gibt, sie zu ordnen, so muss sich das Volk, das sie ausfindig gemacht hat, an sie halten; wenn nun aber die eingeführte Ordnung schlecht ist, weshalb sollte man dann Gesetze, die sie verhindern, gut zu sein, als Grundgesetze ansehen? In jedem strittigen Fall ist überdies ein Volk befugt, seine Gesetze, und selbst die allerbesten, abzuändern, denn wenn es Gefallen daran findet, sich selbst zu schaden, wer ist berechtigt, es davon abzuhalten?

Die zweite Beziehung ist die der Glieder unter sich oder auf den ganzen Körper, und diese Beziehung muss in erster Hinsicht so schwach und in zweiter so bindend als möglich sein, so dass jeder Staatsbürger von allen anderen vollkommen unabhängig ist und sich dem Gemeinwesen gegenüber in übertriebener Abhängigkeit befindet; beides wird stets durch die gleichen Mittel herbeigeführt, denn nur die Stärke des Staates bildet die Freiheit seiner Glieder. In diesem zweiten Verhältnis liegt die Quelle der bürgerlichen Gesetze.

Man kann noch eine dritte Beziehung zwischen dem Menschen und Gesetz, und zwar die des Ungehorsams zur Strafe, ins Auge fassen, und diese bewirkt die Feststellung der Kriminalgesetze, die im Grunde nicht sowohl eine besondere Art von Gesetzen als vielmehr die Sanktion aller übrigen sind.

Zu diesen drei Arten von Gesetzen tritt noch die vierte, die wichtigste von allen hinzu. Es sind Gesetze, die nicht in Erz und Marmor, sondern in die Herzen der Staatsbürger eingegraben werden; die den eigentlichen Kern der Staatsverfassung ausmachen; die von Tag zu Tag neue Kraft gewinnen; die, wenn die anderen Gesetze veralten oder erlöschen, sie neu beleben oder ersetzen, das Volk in dem Geist seiner Verfassung erhalten und an die Stelle der Macht der öffentlichen Gewalt unmerklich die Macht der Gewohnheit setzen. Ich spreche von den Sitten, den Gebräuchen und vor allem von der öffentlichen Meinung, einem Teil der Staatskunst, der den Staatsmännern völlig unbekannt zu sein pflegt, obgleich von ihm der Erfolg aller anderen abhängt, einem Teil der Staatskunst, mit dem sich der große Gesetzgeber im Geheimen viel beschäftigt, während er sich auf einzelne Verordnungen zu beschränken scheint, die doch nur die Kuppel des Gewölbes sind, zu dem die sich langsamer entwickelnden Sitten den unverrückbaren Schlussstein bilden.

Unter diesen verschiedenen Klassen haben allein die politischen Gesetze, die die Regierungsform bestimmen, auf meinen Gegenstand Bezug.

DRITTES BUCH

Bevor wir von den verschiedenen Regierungsformen reden, wollen wir die eigentliche Bedeutung dieses Wortes, das bisher noch nicht erschöpfend erklärt ist, zu bestimmen suchen.

1. KAPITEL

Die Regierung im Allgemeinen

Ich mache den Leser im Voraus darauf aufmerksam, dass dieses Kapitel mit Bedacht gelesen sein will und dass mir die Kunst abgeht, mich Leuten, die es an Aufmerksamkeit fehlen lassen, verständlich zu machen.

Jede freie Handlung hat zwei Ursachen, die zu ihrer Hervorbringung zusammenwirken, eine geistige, und zwar den Willen, der den Beschluss dazu fasst, und eine physische, nämlich die Kraft, die sie zur Ausführung bringt. Um zu einem Gegenstand hinzugehen, muss ich erstens gehen wollen; zweitens müssen mich die Füße zu ihm tragen. Ob ein Gelähmter laufen will oder ein flinker Mann es nicht will, sie werden beide an ihrer Stelle bleiben. Der politische Körper hat die gleichen bewegenden Kräfte: Man unterscheidet in ihm ebenfalls Kraft und Willen, Letzteren unter dem Namen der gesetzgebenden Gewalt, Erstere unter dem Namen der vollziehenden Gewalt. Ohne ihr Zusammenwirken geschieht oder darf wenigstens in ihm nichts geschehen.

Wie wir einsahen, gehört die gesetzgebende Gewalt dem Volk und kann nur ihm gehören. Aus den vorher dargetanen Grundsätzen lässt sich dagegen leicht ersehen, dass der Gesamtheit als Gesetzgeberin oder Oberherrin nicht auch die vollziehende Gewalt gehören darf, weil diese nur mit einzelnen Rechtsgeschäften zu tun hat, die außerhalb des Geschäftskreises des Gesetzes und mithin auch des Staatsoberhauptes liegen, von dem nichts als Gesetze ausgehen können.

Der Staatsgewalt ist folglich ein eigener Agent nötig, der sie zusammenfasst und nach der Anleitung des allgemeinen Willens in Tätigkeit setzt, der die Verbindung zwischen dem Staat und dem Oberhaupt herstellt, der in der Person des Staates gewissermaßen dasselbe verrichtet, was die Verbindung der Seele und des Körpers in dem Menschen hervorruft. Im Staat ist dies die Vernunft der Regierung, die fälschlicherweise gar oft mit dem Oberhaupt verwechselt wird, obgleich sie nur dessen Werkzeug ist.

Was ist denn nun die Regierung? Ein vermittelnder Körper, der zwischen den Untertanen und dem Staatsoberhaupt zu ihrer gegenseitigen Verbindung eingesetzt und mit der Vollziehung der Gesetze und der Aufrechterhaltung der bürgerlichen wie der politischen Freiheit betraut ist.

Die Glieder dieses Körpers heißen Obrigkeiten oder Könige, das heißt Herrscher, und der ganze Körper führt den Namen Fürst.* Demnach haben diejenigen, die behaupten, dass der Akt, durch den sich ein Volk seinen Häuptern unterwirft, kein Vertrag sei, durchaus Recht. Es ist lediglich ein Auftrag, ein Amt, in dem einfache Beamte des Staatsoberhauptes in seinem Namen die Macht ausüben, die er ihnen übertragen hat, und die er, sobald es ihm gefällt, beschränken, abändern und ganz zurücknehmen kann. Da die Veräußerung eines solchen Rechtes mit der Natur des Gesellschaftskörpers unvereinbar ist, so widerspricht sie dem Zweck der Verbindung.

* So nennt man in Venedig den Senat »Durchlauchtigster Fürst«, auch wenn der Doge nicht anwesend ist.

Als Regierung oder höchste Verwaltung bezeichne ich also die rechtmäßige Ausübung der vollziehenden Gewalt, und Fürst oder Obrigkeit nenne ich den Mann oder die Behörde, die mit dieser Verwaltung beauftragt ist.

In der Regierung befinden sich nun die vermittelnden Kräfte, deren Beziehungen das Verhältnis des Ganzen zum Ganzen, des Staatsoberhauptes zum Staat bilden. Dieses letztere Verhältnis kann man als das der beiden äußersten Glieder einer stetigen Proportion zueinander darstellen, deren mittlere Proportionale die Regierung ist. Die Regierung erhält vom Staatsoberhaupt die Befehle, die sie dem Volk gibt, und damit der Staat im Gleichgewicht bleibt, muss, alles in allem berechnet, zwischen dem Produkt oder der Macht der Regierung mit sich selbst und dem Produkt oder der Macht der Bürger, die einerseits Staatsoberhaupt und andererseits Untertanen sind, Gleichheit stattfinden.

Noch mehr, man vermag keines dieser drei Glieder zu ändern, ohne sofort das Verhältnis aufzulösen. Wenn das Staatsoberhaupt regieren oder die Obrigkeit Gesetze geben will oder die Untertanen den Gehorsam verweigern, so folgt in der Regel Aufruhr. Macht und Wille handeln nicht mehr im Einklang, und der aufgelöste Staat wird auf diese Weise eine Beute des Despotismus oder der Anarchie. Kurz, wie es in jedem Verhältnis nur eine mittlere Proportionale gibt, so gibt es auch in einem Staat nur eine gute Regierung; da indessen tausenderlei Ereignisse die Verhältnisse eines Volkes ändern können, so können verschiedene Regierungen nicht nur für verschiedene Völker, sondern auch für dasselbe Volk in verschiedenen Zeiten tauglich und nützlich sein.

Um von den verschiedenen Verhältnissen, die zwischen den äußeren Gliedern stattfinden können, eine einigermaßen deutliche Vorstellung zu geben, will ich die Volkszahl zum Beispiel nehmen, da sie ein am leichtesten auszudrückendes Verhältnis bildet.

Nehmen wir an, dass der Staat aus zehntausend Bürgern bestehe. Das Staatsoberhaupt kann nur in der Gesamtheit und im Ganzen betrachtet werden; jeder Einzelne kommt dagegen als Untertan für sich allein in Betracht. Demnach verhält sich das Staatsoberhaupt zum Untertan wie zehntausend zu einem, das heißt, jedes Glied des Staates besitzt nur den zehntausendsten Teil der oberherrlichen Gewalt, obgleich er ihr gänzlich unterworfen ist. Gesetzt den Fall, das Volk bestehe aus hunderttausend Bürgern, so ändert sich die Stellung der Untertanen dadurch nicht, und jeder trägt in gleicher Weise die ganze Herrschaft der Gesetze, während seine auf den hunderttausendsten Teil zurückgeführte Stimme bei der Abfassung der Gesetze einen zehnmal geringeren Einfluss ausübt. Während nun der Untertan stets eins bleibt, nimmt das Verhältnis des Staatsoberhauptes mit der wachsenden Anzahl der Staatsbürger zu. Hieraus folgt, dass die Freiheit mit der Vergrößerung des Staates stetig abnimmt.

Wenn ich sage, das Verhältnis nehme zu, so verstehe ich darunter, dass es sich von der Gleichheit entfernt. Je größer also das Verhältnis im mathematischen Sinn ist, desto kleiner ist es im gewöhnlichen. Im ersteren Sinne wird das Verhältnis der Zahl nach betrachtet und mit Hilfe des Exponenten gemessen, im letzteren seiner Identität nach betrachtet und seiner Ähnlichkeit nach veranschlagt.

Je weniger nun der Wille der Einzelnen mit dem allgemeinen, das heißt, je weniger die Sitten mit den Gesetzen übereinstimmen, desto mehr muss hemmende Kraft zunehmen. Eine Regierung muss deshalb, will sie anders gut sein, mit der wachsenden Volkszahl immer stärker werden.

Da andererseits die Vergrößerung des Staates den Trägern der Staatsgewalt mehr Versuchungen und Mittel gibt, ihre Macht zu missbrauchen, so muss die Regierung größere Gewalt bekommen, das Volk in Schranken, und der Fürst seinerseits ebenfalls, um die Regierung im Zaum zu halten. Ich spreche hier nicht von einer unumschränkten Gewalt, sondern von der relativen Gewalt der verschiedenen Teile des Staates.

Aus diesem doppelten Verhältnis ergibt sich, dass die stetige Proportion zwischen dem Staatsoberhaupt, Fürsten und Volk nicht etwa eine willkürliche Idee ist, sondern eine notwendige Folge der Natur des politischen Körpers. Ferner folgt daraus: Da eines der äußeren Glieder, und zwar das Volk, als Untertan unveränderlich ist und durch die Einheit dargestellt wird, so muss, so oft das doppelte Verhältnis zu- oder abnimmt, auch das einfache in gleicher Weise zu- oder abnehmen und folglich das mittlere Glied verändert werden. Dies beweist, dass es keine an sich vorzügliche und unbedingt gute Regierungsverfassung gibt, sondern dass es ebenso viele ihrem Wesen nach verschiedene Regierungen geben kann wie ihrer Größe nach verschiedene Staaten.

Wollte man dieses System ins Lächerliche ziehen und sagen, dass man, um diese mittlere Proportionale zu finden und den Regierungskörper zu bilden, nach meiner Beweisführung nur die Quadratwurzel aus der Volkszahl zu ziehen brauche, so würde ich erwidern, dass ich die Zahl nur als Beispiel anwende; dass sich die Verhältnisse, von denen ich rede, nicht allein nach der Zahl der Menschen berechnen lassen, sondern auch im Allgemeinen nach der Summe der Tätigkeit, die sich aus der Menge der Ursachen ergibt; dass ich übrigens, wenn ich auch, um mich kürzer auszudrücken, einen Augenblick lang der Mathematik einige Ausdrücke entlehne, trotzdem sehr wohl weiß, dass bei geistigen Größen keine mathematische Bestimmtheit stattfindet.

Die Regierung ist im Kleinen, was der politische Körper, der sie in sich schließt, im Großen ist: eine geistige, mit gewissen Fähigkeiten ausgestattete Person, tätig wie das Staatsoberhaupt, leidend wie der Staat und fähig, sich in andere ähnliche Verhältnisse zerlegen zu lassen. In dem Moment entsteht eine neue Proportion und in dieser immer wieder eine andere, je nach der Reihenfolge der Zerlegungen, bis man schließlich zu einem unteilbaren Mittelgliede gelangt, das heißt zu einem einzigen Oberhaupt oder zu einer höchsten Behörde, die man sich inmitten dieser Progression wie die Einheit zwischen der Reihe der Brüche und der der Zahlen vorstellen kann.

Um uns nicht durch Vervielfältigung der Ausdrücke zu verwirren, wollen wir uns damit begnügen, die Regierung als einen neuen Körper im Staat zu betrachten, der vom Volk wie vom Staatsoberhaupt unterschieden und der Vermittler zwischen beiden ist.

Zwischen diesen beiden Körpern besteht der wesentliche Unterschied, dass der Staat durch sich selbst und die Regierung lediglich durch das Staatsoberhaupt existiert. Mithin ist der herrschende Wille des Fürsten nichts anderes oder soll wenigstens nichts anderes sein als der allgemeine Wille oder das Gesetz; seine Gewalt ist nur die in ihm vereinte Staatsgewalt; sobald er aus eigener Kraft irgendeinen willkürlichen und unabhängigen Akt vornehmen will, beginnt das Band des Ganzen sich zu lockern. Träte endlich der Fall ein, dass der Fürst einen besonderen Willen hätte, der tätiger als der des Staatsoberhauptes wäre, und er die in seinen Händen ruhende Staatsgewalt anwendete, um diesem besonderen Willen Gehorsam zu verschaffen, sodass man gleichsam zwei Oberhäupter hätte, eins dem Recht und das andere der Tat nach, so würde sofort die gesellschaftliche Vereinigung aufgehoben und der politische Körper aufgelöst sein.

Damit der Regierungskörper indessen wirkliches Dasein und Leben erhalte, das ihn vom Staatskörper unterscheidet; damit alle seine Glieder in Übereinstimmung wirken und dem Zweck entsprechen können, für den er bestimmt ist, hat er ein besonderes Ich nötig, ein seinen Gliedern gemeinschaftliches Gefühl der Zusammengehörigkeit, eine eigentümliche auf seine Erhaltung gerichtete Kraft und einen ebensolchen Willen. Dieses besondere Dasein setzt Zusammenkünfte, Beratungen, das Vermögen, zu erwägen und Beschlüsse zu fassen, sowie Rechte, Rechtsansprüche und Privilegien voraus, die dem Fürsten ausschließlich zustehen und den Stand der Obrigkeit umso ehrenvoller machen, je größere Mühe mit ihm verbunden ist. Die Schwierigkeit beruht darauf, dieses untergeordnete Ganze in dem Staatsganzen dergestalt zu ordnen, dass es die allgemeine Verfassung nicht durch Befestigung seiner eigenen ändern, dass es stets die zu seiner eigenen Erhaltung bestimmte besondere Gewalt von der Staatsgewalt, die zur Erhaltung des Staates dienen soll, unterscheide; kurz, dass es beständig bereit sei, die Regierung dem Volk und nicht das Volk der Regierung aufzuopfern.

Obgleich übrigens der künstliche Körper der Regierung das Werk eines anderen künstlichen Körpers ist und gewissermaßen nur ein geliehenes und untergeordnetes Leben besitzt, so kann sie trotzdem mit mehr oder weniger Kraft und Geschwindigkeit handeln und sich sozusagen einer stärkeren oder schwächeren Gesundheit erfreuen. Endlich kann sie, ohne sich geradezu von dem Zweck ihrer Einsetzung zu entfernen, je nach der Art ihrer Verfassung mehr oder weniger davon abweichen.

Aus allen diesen Verschiedenheiten gehen nur die verschiedenen Verhältnisse hervor, die zwischen der Regierung und dem Staatskörper bestehen müssen je nach den zufälligen und besonderen Beziehungen, infolge derer dieser Staat in unaufhörlicher Umwandlung begriffen ist. Denn oft wird die an sich beste Regierung die fehlerhafteste sein, wenn ihre Verhältnisse nicht nach den Mängeln des politischen Körpers, dem sie angehört, abgeändert werden.

2. KAPITEL

Von dem Prinzip, nach dem die verschiedenen Regierungsformen organisiert werden

Um den allgemeinen Grund dieser Verschiedenheiten auseinanderzusetzen, muss ich hier das Prinzip und die Regierung unterscheiden, wie ich vorhin den Staat und das Staatsoberhaupt unterschieden habe.

Der obrigkeitliche Körper kann aus einer größeren oder kleineren Anzahl von Gliedern bestehen. Die Beziehung des Staatsoberhauptes zu den Untertanen war, wie ich gesagt habe, umso größer, je zahlreicher das Volk ist; und nach einer augenscheinlichen Analogie kann dies in gleicher Weise von der Regierung im Hinblick auf die obrigkeitlichen Personen behauptet werden.

Da nun die Gesamtheit der Regierung gleichzeitig stets die des Staates ist, so kann sie sich nie ändern, woraus folgt, dass ihr, je mehr sie von dieser Kraft auf ihre eigenen Glieder verwendet, umso weniger übrigbleibt, um auf das ganze Volk zu wirken.

Je zahlreicher die obrigkeitlichen Personen sind, desto schwächer ist demnach die Regierung. Da dies ein Hauptgrundsatz ist, so wollen wir besonders darauf achten, ihn so klar wie möglich darzustellen.

In der obrigkeitlichen Person können wir drei wesentlich verschiedene Willen unterscheiden: erstens den eigenen Willen jeder einzelnen, der nur ihren Privatvorteil bezweckt; zweitens den gemeinschaftlichen Willen sämtlicher obrigkeitlichen Personen, der sich einzig und allein auf den Vorteil des Fürsten bezieht und den man den Standeswillen nennen kann. Im Hinblick auf die Regierung ist dieser Wille ein allgemeiner und im Hinblick auf den Staat, von dem die Regierung einen Teil ausmacht, ein Privatwille; der dritte Wille ist der des Volkes oder der oberherrliche Wille, der sowohl im Hinblick auf den Staat als Ganzes als auch im Hinblick auf die Regierung als Teil des Ganzen der allgemeine ist.

In einer vollkommenen Gesetzgebung darf der besondere oder einzelne Wille keine Bedeutung haben, der Standeswille muss der Regierung völlig untergeordnet und folglich der allgemeine oder oberherrliche Wille beständig der herrschende und die einzige Richtschnur aller anderen sein.

Der Regel nach werden dagegen diese verschiedenen Willen immer wirksamer, je mehr sie einen gemeinsamen Punkt erstreben. So ist der allgemeine Wille stets der schwächste, der Standeswille nimmt die zweite und der Privatwille die erste Stelle ein, sodass in der Regierung jedes Glied zuerst in seiner eigenen Person, dann als obrigkeitliche Person und zuletzt als Staatsbürger auftritt, eine Stufenfolge, die der von der gesellschaftlichen Ordnung verlangten völlig widerstreitet.

Befindet sich nun, dies vorausgeschickt, die Regierung in den Händen eines Einzigen, so ist der Privatwille und der Standeswille vollkommen eins und Letzterer folglich auf die höchste

Stufe innerer Kraft gelangt, die er überhaupt erreichen kann. Da nun der Gebrauch der Kraft von dem Grad des Willens abhängt und die unbedingte Kraft der Regierung unveränderlich ist, so folgt daraus, dass unter den Regierungen die eines einzigen die wirksamste ist.

Vereinen wir dagegen die Regierung mit der gesetzgebenden Gewalt, verwandeln wir uns das Staatsoberhaupt in die Fürsten und alle Staatsbürger in ebenso viele obrigkeitliche Personen, so wird der Standeswille, da er in den allgemeinen übergegangen ist, nicht mehr Wirksamkeit als dieser haben und dem Privatwillen seine ganze Kraft lassen. So wird sich die Regierung, trotzdem ihre absolute Kraft immer die gleiche ist, in dem Minimum ihrer relativen Kraft oder Wirksamkeit befinden.

Diese Beziehungen sind unbestreitbar, und andere Betrachtungen dienen noch zu ihrer Bestätigung. Man macht zum Beispiel die Wahrnehmung, dass jede obrigkeitliche Person auf ihren Körper eine größere Einwirkung ausübt als jeder Staatsbürger auf den seinigen, und dass mithin der Privatwille weit mehr Einfluss auf die Handlungen der Regierung als auf die des Staatsoberhauptes hat; denn jede obrigkeitliche Person ist fast immer mit irgendeinem Regierungsgeschäft betraut, während kein Staatsbürger einzeln genommen irgendein Geschäft der Staatshoheit zu verrichten hat. Je mehr sich überdies der Staat erweitert, desto mehr nimmt seine wirkliche Kraft zu, wenn auch nicht im Verhältnis seiner Ausdehnung. Bleibt sich der Staat jedoch gleich, so gewinnt die Regierung, so sehr sich die obrigkeitlichen Personen auch vermehren, dadurch doch keine größere wirkliche Macht, weil diese Kraft dem Staat angehört, der stets ein gleiches Maß hat. Auf diese Weise vermindert sich die relative Stärke oder die Wirksamkeit der Regierung, ohne dass ihre absolute oder wirkliche Stärke zunehmen kann.

Ferner ist es zweifellos, dass die Abwicklung der Geschäfte langsamer wird, je mehr Leute dabei beteiligt sind, und dass man bei zu großem Verlassen auf die eigene Klugheit mit dem Glück nur wenig rechnet. Man lässt sich dann eine günstige Gelegenheit nur zu leicht entgehen und verliert durch ewiges Überlegen oft die Frucht der Überlegung.

So habe ich denn bewiesen, dass die Regierung umso schlaffer wird, je mehr die obrigkeitlichen Personen zunehmen, und vorher habe ich bereits den Nachweis geliefert, dass die einschränkende Macht wachsen muss, je größer die Volkszahl wird. Hieraus folgt, dass das Verhältnis der obrigkeitlichen Personen zu der Regierung das umgekehrte des Verhältnisses der Untertanen zum Staatsoberhaupt sein muss, das heißt, je mehr sich der Staat vergrößert, desto mehr muss sich die Regierung zusammenziehen, so dass mit der wachsenden Volksmenge die Zahl der Vorgesetzten stetig abnimmt.

Übrigens spreche ich hier nur von der relativen Stärke der Regierung und nicht von ihrem richtigen Verhältnis; denn je zahlreicher dagegen die obrigkeitlichen Personen sind, desto mehr nähert sich ihr Standeswille dem allgemeinen Willen, während, wie ich bereits gesagt, unter einer einzigen obrigkeitlichen Person dieser gleiche Standeswille nur den Charakter des Privatwillens annimmt. So verliert man auf der einen Seite, was man möglicherweise auf der anderen gewinnen kann, und die Kunst des Gesetzgebers besteht darin, dass er den Punkt zu bestimmen vermag, wo die Kraft und der Wille der Regierung, stets im gegenseitigen Verhältnis, sich in dem für den Staat vorteilhaftesten Verhältnis vereinigen.

3. KAPITEL

Einteilung der Regierungen

Aus dem vorigen Kapitel hat man gesehen, weshalb man die verschiedenen Arten oder Formen der Regierungen nach der Zahl der Glieder, die sie bilden, unterscheidet; in diesem Kapitel wollen wir nun untersuchen, wie diese Einteilung vor sich geht.

Das Staatsoberhaupt kann zunächst die Regierung dem ganzen Volk oder doch dem größten Teil des Volkes übertragen, so dass es mehr mit obrigkeitlichen Ämtern betraute Staatsbürger als bloße Privatleute gibt. Diese Regierungsform nennt man Demokratie.

Oder es kann die Regierung in die Hände weniger legen, sodass die Zahl der einfachen Staatsbürger größer als die der obrigkeitlichen Personen ist; diese Regierungsform wird Aristokratie genannt.

Endlich kann es die ganze Regierung den Händen eines Einzigen anvertrauen, von dem alle anderen Obrigkeiten ihre Macht empfangen. Diese dritte Form ist die allgemeinste, und heißt Monarchie oder königliche Regierung.

Hierbei ist zu beachten, dass alle diese Formen oder wenigstens die beiden ersten mehr oder weniger gestaltungsfähig sind und sogar einen ziemlich weiten Spielraum zulassen; denn die Demokratie kann das ganze Volk umfassen oder sich auf die Hälfte beschränken. Die Aristokratie kann sie ihrerseits wieder von der Hälfte des Volkes an bis auf die kleinste Zahl von unbestimmbarer Größe beschränken. Sogar das Königtum ist einer Teilung fähig. Nach seiner Verfassung hatte Sparta beständig zwei Könige, und im römischen Reich gab es mitunter acht Kaiser auf einmal, ohne dass man hätte sagen können, das Reich wäre geteilt gewesen. Auf diese Weise gibt es einen Punkt, wo eine Regierungsform in die andere übergeht, und man sieht, dass unter nur drei Benennungen die Regierung in der Tat ebenso vieler verschiedener Formen fähig ist, wie der Staat Bürger hat.

Noch mehr: Da sich ein und dieselbe Regierung in gewisser Hinsicht wieder in andere Teile zu zerlegen vermag, von denen der eine auf diese, der andere auf jene Weise verwaltet wird, so kann aus der Verbindung dieser drei Formen eine Menge vermischter Formen entstehen, deren jede mit allen einfachen Formen multiplizierbar ist.

Man hat von jeher viel über die beste Regierungsform gestritten, ohne zu berücksichtigen, dass jede einzelne in gewissen Fällen die beste und in anderen die schlechteste ist.

Wenn in den verschiedenen Staaten die Zahl der höchsten Regierungsbeamten im umgekehrten Verhältnis mit der Zahl der Staatsbürger stehen muss, so folgt daraus, dass im Allgemeinen für die kleinen Staaten die demokratische Regierung, für die mittleren die aristokratische und für die großen die monarchische die geeignetste ist. Diese Regel ist die unmittelbare Folge des aufgestellten Prinzips; aber wer vermöchte die Menge der Umstände aufzuzählen, die Ausnahmen hervorrufen können.

4. KAPITEL
Die Demokratie

Wer das Gesetz erlässt, weiß besser als jeder andere, wie es vollzogen und ausgelegt werden soll. Es scheint demnach keine bessere Verfassung geben zu können als diejenige, in der die vollziehende Gewalt mit der gesetzgebenden verbunden ist. In gewisser Hinsicht macht aber gerade dieser Umstand die demokratische Regierung unzureichend, weil bei ihr Dinge, die unterschieden werden müssen, es nicht sind, und weil Fürst und Staatsoberhaupt, die ja nur ein und dieselbe Person ausmachen, gleichsam eine Regierung ohne Regierung bilden.

Es ist nicht gut, dass der, der die Gesetze gibt, sie ausführt, auch nicht, dass der Volkskörper seine Aufmerksamkeit von den allgemeinen Zwecken abwendet, um sie auf besondere Gegenstände hinzulenken. Nichts ist gefährlicher als der Einfluss der Privatinteressen in den öffentlichen Angelegenheiten, und der Missbrauch der Gesetze vonseiten der Regierung ist ein geringeres Übel als die Verdorbenheit des Gesetzgebers, die die unausbleibliche Folge einer Berücksichtigung der Privatabsichten ist. Da der Staat dann in seinem Wesen verdorben ist, wird jede Verbesserung unmöglich. Ein Volk, das mit der Regierungsgewalt nie Missbrauch triebe, würde ebenso wenig seine Unabhängigkeit missbrauchen; ein Volk, das stets gut regierte, brauchte überhaupt nicht regiert zu werden.

Wenn man das Wort in der ganzen Strenge seiner Bedeutung nimmt, so hat es noch nie eine wahre Demokratie gegeben und wird es auch nie geben. Es verstößt gegen die natürliche Ordnung, dass die größere Zahl regiere und die kleinere regiert werde. Es ist nicht denkbar, dass das Volk unaufhörlich versammelt bleibe, um sich den Regierungsgeschäften zu widmen, und es ist leicht ersichtlich, dass es hierzu keine Ausschlüsse einsetzen kann, ohne die Form der Verwaltung zu ändern.

Ich glaube in der Tat den Grundsatz aussprechen zu dürfen, dass, so oft die Regierungsgeschäfte unter verschiedene Behörden verteilt sind, die am wenigsten zahlreichen früher oder später die größte Macht erwerben, und wäre es auch nur die größere Leichtigkeit, die Geschäfte abzuwickeln, die sie auf natürlichem Weg dazu führt.

Wie viele schwer zu vereinigende Dinge setzt diese Regierungsform überhaupt voraus! Erstens einen sehr kleinen Staat, in dem das Volk leicht zu versammeln ist und jeder Bürger genügend Gelegenheit hat, alle anderen kennenzulernen; zweitens eine große Einfachheit der Sitten, die keine Veranlassung zu vielen schwierigen Arbeiten und Verhandlungen gibt, sodann fast vollkommene Gleichheit in Bezug auf Stand und Vermögen, ohne die auch die Gleichheit der Rechte und der Macht keinen langen Bestand haben könnte; endlich wenig oder gar keinen Luxus, denn der Luxus ist entweder die Folge des Reichtums oder macht ihn nötig; er verdirbt nicht nur den Reichen, sondern auch den Armen, jenen durch den Besitz, diesen durch die Lüsternheit; er verwandelt das Vaterland in eine Stätte der Weichlichkeit und Eitelkeit; er entzieht dem Staat alle Bürger, um die einen zu Sklaven der anderen und alle zu Sklaven des Vorurteils zu machen.

Aus diesem Grund hat ein berühmter Schriftsteller die Tugend für das Prinzip der Republik erklärt*: Und in der Tat ohne die Tugend könnten all die angegebenen Bedingungen nicht fortdauern; aber da er nicht die nötigen Unterscheidungen machte, hat es dieser große Geist oft an Genauigkeit, bisweilen sogar an Klarheit fehlen lassen, und nicht eingesehen, dass die oberherrliche Gewalt überall dieselbe ist und folglich in allen wohlorganisierten Staaten das Prinzip mehr oder weniger, je nach der Regierungsform, das gleiche ist, wenn die Regierungsform dies auch nicht immer gleich erkennen lässt.

* *Esprit des lois*, liv. III, chap. III

Schließlich will ich noch bemerken, dass keine Regierung in so hohem Grad Bürgerkriegen und inneren Erschütterungen ausgesetzt ist als die demokratische oder Volksregierung, weil keine andere so heftig und so unaufhörlich nach Veränderung der Form strebt und keine mehr Wachsamkeit und Mut zur Aufrechterhaltung ihrer bestehenden Form verlangt. Namentlich in dieser Verfassung muss sich der Staatsbürger mit Kraft und Ausdauer wappnen und jeden Tag seines Lebens im Grund seiner Seele nachsprechen, was ein edler Woiwode* auf dem polnischen Reichstag sagte: *Malo periculosam vitam quam quietum servitium.* (Ich ziehe eine gefahrvolle Freiheit einer ruhigen Knechtschaft vor.)

Gäbe es ein Volk von Göttern, so würde es sich demokratisch regieren. Eine so vollkommene Regierung passt für Menschen nicht.

5. KAPITEL
Die Aristokratie

Wir haben es hier mit zwei streng unterschiedenen geistigen Personen zu tun, und zwar mit der Regierung und dem Staatsoberhaupt, folglich mit zwei allgemeinen Willen, von denen der eine auf alle Bürger, der andere lediglich auf die Glieder der Regierung Bezug hat. Obgleich demnach die Regierung die innere Staatsverfassung nach Belieben ordnen kann, darf sie doch zum Volk nur im Namen des Staatsoberhauptes, das heißt im Namen des Volkes selbst reden, was man nie vergessen darf.

* Der Woiwode von Posen, Leszinski, der Vater des Königs von Polen und Herzogs von Lothringen.

Die ersten Gesellschaften wurden aristokratisch regiert. Die Häupter der Familien beratschlagten untereinander über die Staatsangelegenheiten. Die jungen Leute gaben ohne Widerstreben dem Ansehen der Erfahrung nach. Daher die Namen Priester, Älteste, Senat, Geronten. Die Wilden Nordamerikas werden noch heute auf diese Weise regiert und zwar sehr gut regiert.

Je mehr aber die verfassungsmäßige Ungleichheit die natürliche Ungleichheit überwog, wurde Reichtum oder Macht* dem Alter vorgezogen, und es entstand eine Wahlaristokratie. Als endlich mit den Gütern auch die Macht auf die Kinder übertragen und so der Grund zu Patrizierfamilien gelegt wurde, verwandelte sich die Regierung zu einer erblichen, und man konnte zwanzigjährige Senatoren sehen.

Es gibt mithin drei Arten von Aristokratie: die natürliche, die Wahl- und die Erbaristokratie. Die erste ist nur für einfache Völker geeignet; die dritte ist die schlechteste aller Regierungen. Die zweite ist die beste, sie ist die Aristokratie im eigentlichen Sinn.

Außer dem Vorteil, dass die beiden Gewalten getrennt sind, hat sie noch den, dass ihre Glieder gewählt werden, denn während bei der Volksregierung alle Bürger schon von Geburt obrigkeitliche Personen sind, beschränkt die aristokratische Letztere auf eine kleine Anzahl, die erst aus der Wahl** hervorgeht,

* Das Wort *optimates* will bei den Alten augenscheinlich nicht die Besten, sondern die Mächtigsten bezeichnen.

** Von großer Wichtigkeit ist die gesetzliche Feststellung der Wahlform, denn wenn man sie dem Willen des Fürsten überlässt, fällt man unvermeidlich der Aristokratie anheim, wie es den Republiken Venedig und Bern ergangen ist. Erstere ist auch schon längst ein aufgelöster Staat und Letztere erhält sich nur durch die außerordentliche Weisheit seines Senats; es macht eine ebenso ehrenwerte wie gefährliche Ausnahme.

was das einzige Mittel ist, durch das Rechtschaffenheit, Einsicht, Erfahrung und alles, was sonst zum Vorzug und zur öffentlichen Achtung berechtigt, zu ebenso vielen Bürgschaften einer weisen Regierung werden.

Ja, noch mehr! Die Versammlungen können bequemer abgehalten werden; die Geschäfte lassen sich leichter erörtern und mit größerer Ordnung und Genauigkeit ausführen; auch wird durch ehrwürdige Senatoren das Ansehen des Staates den auswärtigen Mächten gegenüber besser behauptet als durch eine unbekannte oder verachtete Menge.

Mit einem Wort, es ist das beste und natürlichste Gesetz, dass die Weisesten die Masse regieren, sobald man überzeugt ist, dass ihre Regierung das allgemeine Wohl und nicht ihren eigenen Vorteil bezweckt. Man darf die Mittel nicht ohne Not vervielfältigen oder durch zwanzigtausend Menschen vollbringen, was hundert auserlesene weit besser auszurichten vermögen. Dabei darf allerdings nicht außer Acht gelassen werden, dass hier das Standesinteresse anfängt, die Macht des Staates weniger nach der Vorschrift des allgemeinen Willens zu lenken, und dass eine andere unvermeidliche Neigung den Gesetzen einen Teil ihrer vollziehenden Gewalt nimmt.

Noch eine andere gute Seite hat die Aristokratie. Sie verlangt weder einen so kleinen Staat noch ein so einfaches und rechtschaffenes Volk, dass wie in einer guten Demokratie die Vollziehung der Gesetze dem allgemeinen Willen unmittelbar nachfolge. Allerdings darf die Nation auch nicht so groß sein, dass die einzelnen Häupter, um sie zu regieren, sich in ihren einzelnen Landesteilen das Ansehen des Staatsoberhauptes geben und anfangen könnten, sich unabhängig zu machen, um schließlich der unumschränkte Herr zu werden.

Wenn indessen die Aristokratie einige Tugenden weniger erfordert als die Volksregierung, so verlangt sie doch auch andere ihr besonders eigentümliche, wie die Mäßigung der Reichen und Zufriedenheit der Armen; denn eine strenge Gleichheit scheint hier nicht angebracht zu sein; selbst in Sparta wurde sie nicht durchgeführt.

Wenn diese Regierungsform übrigens eine gewisse Ungleichheit des Vermögens zulässt, so liegt der Grund doch nur darin, dass in der Regel die Verwaltung der Staatsgeschäfte Männern übertragen wird, die ihnen am leichtesten ihre ganze Zeit widmen können, nicht aber, wie Aristoteles behauptet, damit den Reichen immer der Vorzug eingeräumt werde. Im Gegenteil ist es von hoher Bedeutung, dem Volk bisweilen durch eine entgegengesetzte Wahl den Beweis zu liefern, dass in dem Verdienst der Menschen durchschlagendere Gründe zur Bevorzugung liegen als im Reichtum.*

6. KAPITEL
Die Monarchie

Bis jetzt haben wir den Fürsten als eine geistige und kollektive Person betrachtet, die durch die Kraft der Gesetze vereint und Trägerin der vollziehenden Gewalt im Staat ist. Jetzt haben wir diese Gewalt als in den Händen eines leiblichen, eines wirklichen Menschen ruhend zu betrachten, der allein das Recht besitzt, nach den Gesetzen darüber zu verfügen. Ein solcher Mensch wird Monarch oder König genannt.

* Rousseau gibt diese Ansicht des Aristoteles ungenau wieder. Vergl. *La politique d'Aristote*, liv. III, chap. XIV und liv. IV, chap. X und XI.

Völlig im Gegensatz zu anderen Regierungsformen, in denen ein kollektives Wesen ein Einzelwesen darstellt, vertritt hier ein Einzelwesen ein Kollektivwesen, sodass die geistige Einheit, die den Fürsten bildet, zugleich eine physische Einheit ist, in der alle Fähigkeiten, die das Gesetz mit so großer Anstrengung in der anderen vereinigt, sich schon von Natur vereinigt finden.

So läuft der Wille des Volkes wie der Wille des Fürsten, die öffentliche Gewalt des Staates wie die besondere Gewalt der Regierung, kurz alles auf ein und dieselbe Triebfeder hinaus, alle Hebel sind in einer Hand, alles schreitet demselben Ziel entgegen; es gibt keine entgegengesetzte, einander zerstörenden Bewegungen, und man kann sich keine Art von Verfassung denken, in der eine geringere Kraftäußerung eine größere Wirkung hervorzubringen vermag. In Archimedes, der ruhig am Ufer sitzt und ein großes Schiff ohne Mühe flottmacht, erblicke ich das Bild eines geschickten Monarchen, der seine ausgedehnten Staaten von seinem Kabinett aus regiert und jede Bewegung hervorruft, obgleich er selbst regungslos scheint.

Wenn es nun auch keine Regierung gibt, die größere Kraft besitzt, so gibt es dafür auch keine, in der der Privatwille mehr Macht hat und die übrigen Willen leichter zu beherrschen vermag. Alles schreitet demselben Ziele entgegen, das ist richtig; allein dieses Ziel ist nicht das allgemeine Wohl, und selbst die Stärke der Regierung ist dem Staat beständig nachteilig.

Die Könige wollen unumschränkt sein, und man ruft ihnen von fern zu, das beste Mittel dazu sei, sich die Liebe ihrer Völker zu erwerben. Dieser Satz ist sehr schön und in gewisser Hinsicht auch sehr richtig, unheilvollerweise wird man sich an den Höfen regelmäßig über ihn lustig machen. Die aus der Liebe der Völker entspringende Macht ist unzweifelhaft die größte, aber sie ist unsicher und bedingt; nie werden sich die Fürsten mit ihr begnügen. Die besten Könige begehren böse sein zu können, sobald es ihnen beliebt, ohne deshalb ihrer Macht beraubt werden zu können. Vergeblich wird ihnen ein politischer Phrasenmacher auseinandersetzen, dass ja die Kraft des Volkes ihre eigene bilde, und es mithin zu ihrem größten Vorteil gereiche, wenn das Volk blühend, zahlreich und fruchtbar sei; sie wissen sehr wohl, dass dies unwahr ist. Ihr persönlicher Vorteil verlangt es, dass das Volk schwach, elend und unvermögend sei, ihnen je Widerstand entgegenzustellen. Bei der Annahme einer vollkommenen und steten Unterwürfigkeit der Untertanen würde es, wie ich gern gestehe, allerdings der Vorteil des Fürsten sein, dass das Volk mächtig wäre, damit diese Macht, die ja seine eigene wäre, ihn seinen Nachbarn furchtbar machte. Da dieser Vorteil indessen doch nur ein nebensächlicher und untergeordneter ist und beide Annahmen unvereinbar sind, so ist es natürlich, dass die Fürsten stets dem Satz den Vorzug geben, bei dem sie am ersten auf Nutzen rechnen können. Dies ist es, was Samuel den Israeliten eindringlich vorstellte und Machiavelli mit größter Klarheit bewiesen hat. Indem sich Letzterer den Anschein gab, als ob er den Königen Lehren erteilen wollte, gab er den Völkern die allerwichtigsten. Machiavellis Fürst ist das Buch der Republikaner.*

Aus den allgemeinen Verhältnissen haben wir erkannt, dass die Monarchie nur für große Staaten geeignet ist, und bei ihrer

* Machiavelli war ein ehrlicher Mann und ein guter Bürger; da er jedoch vom Hause Medici abhängig war, sah er sich genötigt, bei der Unterdrückung seines Vaterlands seine Freiheitsliebe zu verbergen. Schon die Wahl seines verruchten Helden (Cäsar Borgia) lässt deutlich seine geheime Absicht erkennen, und der Widerspruch zwischen dem in seinem Buch vom Fürsten ausgesprochenen Grundsätzen und den in sei-

Prüfung an sich wird sich uns die Wahrheit dieses Satzes noch klarer zeigen. Je zahlreicher das Beamtenheer ist, desto mehr verringert sich die Kluft zwischen dem Fürsten und seinen Untertanen, desto mehr nähert sich das Verhältnis der Gleichheit, sodass in der Demokratie dieses Verhältnis eins ist oder die Gleichheit selbst. Diese Kluft vergrößert sich dagegen in dem Maße, wie sich das Regierungspersonal verringert, und erreicht ihren höchsten Umfang, sobald die Regierung in den Händen eines Einzigen ruht. Alsdann ist der Abstand zwischen dem Fürsten und dem Volk zu groß, und es fehlt dem Staat ein fester Zusammenhang. Um ihn zu bilden, sind Mittelglieder, sind Fürsten, Große und Edelleute nötig, um die Kluft auszufüllen. Nichts von allem diesem passt jedoch für einen kleinen Staat, den solche Abstufungen zugrunde richten würden.

Ist es aber überhaupt schwierig, dass ein großer Staat gut regiert werde, so ist es noch weit schwieriger, dass er von einem einzigen Mann gut regiert werde. Jeder weiß, was daraus hervorgeht, wenn der König seine Regierungsgeschäfte anderen überlässt.

Ein wesentlicher und unvermeidlicher Mangel, der der republikanischen Regierungsform stets den Vorrang vor der monarchischen sichern wird, besteht darin, dass in Ersterer die öffentliche Meinung fast immer nur erleuchtete und befähigte Männer, die ihren Ämtern Ehre machen, zu den höchsten Stellen erhebt, während die, die in Monarchien zu ihnen ge-

nen Abhandlungen über Titus Livius sowie in der florentinischen Geschichte aufgestellten Lehren beweist, dass dieser tiefe Politiker bis jetzt nur oberflächliche oder verdorbene Leser gehabt hat. Der römische Hof hat jenes Werk streng verboten. Ich glaube es gern, denn gerade ihn hat er am handgreiflichsten geschildert.

langen, häufig nur kleine Utopisten, kleine Betrüger, kleine Ränkeschmiede sind, denen die kleinen Talente, die an den Höfen den Weg zu den höchsten Stellen bahnen, nur dazu dienen, nach ihrer Erlangung dem Volk sofort ihre Dummheit an den Tag zu legen. Das Volk irrt sich hinsichtlich der Wahl weit weniger als der Fürst, und ein Mann von wahrem Verdienst ist im Ministerrat fast ebenso selten wie ein Dummkopf an der Spitze einer republikanischen Regierung. Ergreift deshalb infolge eines glücklichen Zufalls ein solcher zum Regieren geborene Mann in einer durch die Schar jener sauberen Glücksjäger fast schon fällig zugrunde gerichteten Monarchie das Staatsruder, so ist man über die Hilfsmittel, die er findet, erstaunt, und seine Regierung macht Aufsehen in der Geschichte des Landes.

Damit ein monarchischer Staat gut regiert werden könnte, wäre es nötig, dass seine Größe oder Ausdehnung genau den Fähigkeiten des Regenten entspräche. Erobern ist leichter als regieren. Hat man einen tauglichen Hebel, so kann man mit einem Finger die Welt erschüttern; um sie jedoch zu tragen, bedarf es der Schultern eines Herkules. Ist der Staat leidlich groß, so ist der Fürst fast jederzeit zu klein. Ereignet es sich dagegen, was freilich selten stattfinden wird, dass der Staat für sein Oberhaupt zu klein ist, so wird er wieder schlecht regiert, weil sich der Fürst stets mit großartigen Plänen trägt, darüber die Interessen des Volkes vergisst und es durch den Missbrauch seiner zu großen Talente nicht weniger unglücklich macht als ein beschränktes Oberhaupt durch seine zu geringen Gaben. Ein Königreich müsste sich eigentlich bei jeder neuen Regierung nach der Begabung des Fürsten erweitern oder verengen; da die Fähigkeiten eines zusammengesetzten Regierungskörpers ein bestimmteres Maß haben, kann der Staat feste Grenzen behalten, ohne deshalb schlechter regiert zu werden.

Der empfindlichste Übelstand bei der Regierung eines Einzigen ist der Mangel jener beständigen Nachfolge, die bei den beiden anderen eine ununterbrochene Verbindung herstellt. Nach dem Tod des einen Königs muss man einen anderen haben; bis zur Wahl vergeht eine gefährliche Zwischenzeit, und die Wahlen sind stürmisch. Besitzen die Staatsbürger nicht eine seltene Uneigennützigkeit und Redlichkeit, wie sie mit dieser Regierungsform nicht leicht vereinbar ist, so werden die Wahlen durch ungesunde Agitation und Bestechung beeinflusst. Selten wird der, dem sich der Staat verkauft hat, ihn nicht seinerseits verkaufen und sich nicht an den Schwachen für das Geld entschädigen, das die Mächtigen von ihm erpresst haben. Früher oder später wird unter einer solchen Regierung alles käuflich, und die Ruhe, deren man dann unter den Königen genießt, ist schlimmer als die Verwirrung während der Zwischenreiche.

Was hat man nun getan, um diesen Übelständen vorzubeugen? Man hat die Kronen in gewissen Familien erblich gemacht und eine Ordnung der Thronfolge festgesetzt, die jedem Streit beim Tod der Könige vorbeugt, das heißt, man hat dadurch, dass man den Übelstand der Regentschaft an die Stelle der Wahlumtriebe setze, eine scheinbare Ruhe einer weisen Regierung vorgezogen und es lieber darauf ankommen lassen wollen, Kinder, Unmenschen und Schwachsinnige zu Herrschern zu haben, als über die Wahl guter Könige streiten zu müssen. Man hat nicht bedacht, dass man fast immer verlieren muss, wenn man sich auf solche Weise allen Wechselfällen aussetzt. Der junge Dionysius hatte ganz recht, als er seinem Vater, der ihm eine schändliche Handlung verwies und unter anderem sagte: »Habe ich dir ein solches Beispiel gegeben?«, erwiderte: »Oh, dein Vater war auch nicht König.«*

Alles trägt dazu bei, einem zur Herrschaft über andere erzogenen Menschen jedes Gefühl für Gerechtigkeit und Rechenschaft zu rauben. Man soll sich viel Mühe geben, um junge Prinzen mit der Regierungskunst vertraut zu machen; diese Erziehung scheint ihnen aber keinen großen Nutzen zu bringen. Man würde besser tun, wenn man damit den Anfang machte, sie in der Kunst des Gehorsams zu unterrichten. Die größten Könige, die die Geschichte rühmt, sind nicht zur Regierung erzogen worden; das ist eine Wissenschaft, die man sich umso weniger aneignet, je länger man sie studiert hat, und die man sich besser durch Gehorsam als durch Befehlen erwirbt. *»Nam utilissimus idem ac brevissimus bonarum malarumque rerum delectus, cogitare, quid aut nolueris sub alio principe aut volueris.«***

Eine Folge dieses Mangels an Zusammenhang ist der Wankelmut der königlichen Regierung. Da sie nach dem Charakter des regierenden Fürsten oder der statt seiner regierenden Leute bald diesen, bald jenen Plan befolgt, ist sie außerstande, lange einen bestimmten Zweck und ein festes Verfahren beizubehalten. Diese ewige Unbeständigkeit, die bei anderen Regierungsformen, unter denen der Fürst immer derselbe bleibt, nicht stattfindet, versetzt den Staat in ein unaufhörliches Hin- und Herschwanken von einem Grundsatz zum anderen und von einem Entwurf zum anderen. Auch sieht man deshalb, dass im Allgemeinen an einem Hof mehr List und in einem Senat mehr

* Plutarch, *βίο παάλϱληλοι*, Kap. 22

** »Denn das ist die kürzeste und einfachste Überlegung, um zwischen Gut und Schlecht zu wählen: Was würde man wollen oder nicht wollen, wenn ein anderer herrschen würde.« (Tacitus, Gesch. I, XVI)

Weisheit herrscht, und dass die Republiken durch festere und besser befolgte Pläne ihre Zwecke erreichen, während jede Revolution im Ministerrat auch eine im Staat hervorruft, da alle Minister und fast alle Könige den Grundsatz teilen, in allen Stücken das Gegenteil ihrer Vorgänger zu tun.

Aus ebendieser Zusammenhangslosigkeit ergibt sich auch die Lösung eines von den königlich gesinnten Politikern oft gehörten Trugschlusses. Sie vergleichen nicht allein die bürgerliche Regierung mit der häuslichen und den Fürsten mit dem Familienvater, diese irrige Ansicht habe ich bereits widerlegt, sondern legen dieser hohen Person auch äußerst freigebig alle Tugenden bei, die er nötig hätte, und gehen immer von der Annahme aus, dass der Fürst wirklich sei, was er sein sollte, eine Annahme, bei der offenbar die königliche Regierung den Vorzug vor jeder anderen verdient, weil sie unstreitig die stärkste ist und ihr, um auch die beste zu sein, nur eine größere Übereinstimmung des Regierungswillens mit dem allgemeinen Willen mangelt.

Wenn nun aber nach Platos Behauptung ein geborener König eine so seltene Erscheinung ist, wie oft werden dann erst Natur und Glück sich die Hand reichen, um ihn zu krönen? Und wenn die königliche Erziehung unbedingt diejenigen, die sie empfangen, verdirbt, was kann man dann von einer ganzen Reihe zum Herrschen erzogener Männer hoffen? Die Verwechslung der königlichen Regierung mit der eines guten Königs ist demnach eine absichtliche Täuschung. Um zu sehen, was diese Regierung an sich ist, muss man sie unter unbefähigten oder schlechten Fürsten ins Auge fassen, denn sie werden schon als solche den Thron besteigen oder der Thron wird sie dazu machen.

Diese Schwierigkeiten sind unseren Schriftstellern nicht entgangen, aber sie lassen sich dadurch nicht in Verlegenheit setzen.

Nach ihnen ist das beste Heilmittel, ohne Murren zu gehorchen; Gott gibt die bösen Könige in seinem Zorn, und man muss sie als Züchtigung des Himmels ertragen. Dergleichen Redensarten sind allerdings höchst erbaulich; aber ich weiß nicht, ob sie nicht besser auf die Kanzel als in ein Werk über die Staatskunst hingehörten. Was würde man von einem Arzt sagen, der Wunderdinge verspricht, während seine ganze Kunst darin besteht, seinen Kranken zur Geduld zu ermahnen? Dass man eine schlechte Regierung, wenn man sie einmal hat, ertragen muss, ist eine bekannte Sache, aber nun müsste die Frage sein, wie man eine gute findet.

7. KAPITEL
Gemischte Regierungsformen

Eine wirklich einfache Regierung gibt es eigentlich nicht. Ein einziges Oberhaupt muss untergeordnete Beamte und eine Volksregierung ein Oberhaupt haben. In der Verteilung der vollziehenden Gewalt gibt es deshalb stets eine Abstufung von der größeren Anzahl zur kleineren, nur mit dem Unterschied, dass bald die größere von der kleineren und bald die kleinere von der größeren abhängt.

Bisweilen ist die Teilung gleich, sei es nun dadurch, dass die wesentlichen Bestandteile wie in der englischen Regierung in gegenseitiger Abhängigkeit stehen, oder dadurch, dass wie in Polen die Macht jedes Teiles zwar unabhängig, aber nicht in vollkommenen Maß ist. Letztere Form ist schlecht, weil es der Regierung dann an Einheit fehlt und der Staat der festen Verbindung ermangelt.

Welche Regierung ist nun besser, die einfache oder gemischte? Diese Frage ist unter den Politikern von jeher eine sehr erregte gewesen; sie muss auf dieselbe Weise beantwortet werden, wie ich es früher bei der Frage über die Regierungsformen getan habe.

Die einfache Regierung ist schon um ihrer bloßen Einfachheit willen an und für sich die beste. Wenn aber die vollziehende Gewalt nicht genug von der gesetzgebenden abhängig ist, das heißt, wenn zwischen dem Fürsten und dem Staatsoberhaupt eine größere Übereinstimmung herrscht als zwischen dem Volk und dem Fürsten, so muss man diesem Missverhältnis durch Teilung der Regierung abhelfen, denn alsdann behalten zwar alle ihre Teile noch immer dieselbe Gewalt über die Untertanen, werden aber sämtlich durch die Teilung dem Staatsoberhaupt gegenüber schwächer.

Ferner lässt sich diesem Übelstand dadurch vorbeugen, dass man Zwischenbehörden einsetzt, die bei völliger Beibehaltung einer einheitlichen Regierung lediglich dazu dienen, die beiden Gewalten im Gleichgewicht zu halten und ihre gegenseitigen Rechte ungeschmälert zu lassen. Alsdann ist die Regierung nicht gemischt, sondern eine gemäßigte Regierung.

Auf ähnliche Weise kann ein Übelstand entgegengesetzter Natur beseitigt werden, indem man bei zu großer Schlaffheit der Regierung Tribunale errichtet, um sie fester zusammenzufassen; dies geschieht in allen Demokratien. Im ersteren Fall teilt man die Regierung, um sie zu schwächen, im letzteren, um sie zu stärken, denn die höchsten Grade der Stärke wie der Schwäche kommen bei der einfachen Regierungsform in gleicher Weise vor, während die gemischten Formen eine mittlere Stärke gewähren.

8. KAPITEL

Nicht jede Regierungsform ist für jedes Land geeignet

Da die Freiheit keine Frucht aller Himmelstriche ist, so ist sie auch nicht allen Völkern zugänglich. Je mehr man über das von Montesquieu aufgestellte Prinzip nachdenkt, desto tiefer empfindet man seine Wahrheit; je mehr man es bestreitet, desto mehr Gelegenheit gibt man zu seiner Bestätigung durch neue Gründe.

In allen Regierungen der Welt verzehrt die Person des Staates, ohne je etwas hervorzubringen. Woher erhält sie nun, was sie verzehrt? Aus der Arbeit ihrer Glieder. Der Überfluss der Einzelnen erzeugt das Bedürfnis des Staates. Hieraus folgt, dass der bürgerliche Zustand nur so lange Bestand haben kann, als der Ertrag der Arbeit die Bedürfnisse der Einzelnen übersteigt.

Dieser Überschuss ist nun nicht in allen Ländern der Welt gleich. In einigen ist er ansehnlich, in anderen mittelmäßig, in noch anderen gleich Null, wieder in anderen sogar negativer Art. Diese Verschiedenheit hängt von der Fruchtbarkeit des Klimas, von der Art der Bearbeitung, die der Boden erfordert, von der Beschaffenheit seiner Erzeugnisse, von der Kraft seiner Bewohner, von ihrem größeren oder geringeren Bedarf und mehreren ähnlichen Verhältnissen ab, die ihn hervorrufen.

Andererseits sind auch die Regierungen nicht alle von gleicher Beschaffenheit; einige bedürfen mehr und andere weniger. Dieser Unterschied gründet sich auf jenen anderen Grundsatz, dass die öffentlichen Abgaben umso lästiger werden, je weiter sie sich von ihrer Quelle entfernen. Nicht nach der Höhe der Auflagen darf das Drückende derselben bemessen werden, sondern nach dem Weg, den sie zurückzulegen haben, um wieder in die Hände zurückzukehren, aus denen sie gekommen sind. Ist dieser Umlauf schnell und gut eingerichtet, so macht es wenig aus, ob man wenig oder viel bezahlt, das Volk ist immer reich und die Finanzanlage vortrefflich. So wenig dagegen auch ein Volk hergeben möge, so wird es, wenn dieses Wenige nicht wieder zu ihm zurückkommt, durch stetes Geben bald erschöpft, der Staat wird nie reich, und das Volk bleibt stets arm.

Je weiter mithin die Kluft zwischen dem Volk und der Regierung wird, desto drückender werden die Abgaben. Deshalb ist das Volk in der Demokratie am wenigsten belastet, in der Aristokratie schon etwas mehr, und in der Monarchie trägt es die schwerste Last. Die Monarchie eignet sich folglich für reiche Völker, die Aristokratie für Staaten von mittlerer Wohlhabenheit und Größe, und die Demokratie für kleine und arme Staaten.

In der Tat erkennt man hierin, je mehr man darüber nachdenkt, den Unterschied zwischen den Freistaaten und Monarchien. In Ersteren bezweckt alles den gemeinsamen Nutzen, in Letzteren stehen die Staats- und die Privatkräfte im entgegengesetzten Verhältnis; die einen erhöhen sich durch die Schwächung der anderen. Kurz, anstatt die Untertanen zu regieren, um sie glücklich zu machen, macht der Despotismus sie absichtlich unglücklich, um sie regieren zu können.

Man vermag daher unter jedem Himmelstrich nach natürlichen Ursachen die Regierungsform, die der Einfluss des Klimas bedingt, zu bestimmen und sogar anzugeben, was für eine Art von Bewohnern es verlangt.

Undankbare und unfruchtbare Gegenden, in denen der Ertrag nicht einmal die Arbeit lohnt, müssen unbebaut und öde bleiben oder nur von Wilden bewohnt werden; Gegenden, in denen die Arbeit der Menschen nur das Allernotwendigste hervorbringt, müssen barbarischen Völkern als Wohnstätte dienen, jede Staatsverfassung würde dort unmöglich sein; Gegenden, in denen der Überschuss des Arbeitsertrages mittelmäßig ist, eignen sich für freie Völker; solche endlich, in denen der reiche und fruchtbare Boden geringe Arbeit mit großem Ertrag vergilt, haben eine monarchische Regierung nötig, damit der übertriebene Überfluss der Untertanen durch den Luxus des Fürsten verzehrt werde, denn es ist jedenfalls besser, dass dieser Überfluss von der Regierung verbraucht als von den Einzelnen verschwendet wird. Allerdings kommen, wie ich recht wohl weiß, Ausnahmen vor, allein diese Ausnahmen selbst bestätigen die Regel, indem sie früher oder später Revolutionen hervorrufen, die den Lauf der Dinge wieder in das natürliche Geleise zurücklenken.

Wir müssen stets die allgemeinen Gesetze von den besonderen Ursachen, die die Wirkung derselben beeinflussen können, unterscheiden. Reihte sich im Süden auch Republik an Republik und im Norden ein despotischer Staat an den anderen, so wäre es deshalb nicht weniger wahr, dass bei der Einwirkung des Klimas der Despotismus für heiße Länder, die Barbarei für kalte und die guten Verfassungen für die gemäßigten Gegenden am geeignetsten sind. Ich sehe ferner ein, dass man trotz der Anerkennung des Prinzips über seine Anwendung streiten und sagen könnte, es gebe kalte und doch sehr fruchtbare Länder und wieder südliche und dabei höchst unfruchtbare. Allein diese Schwierigkeit besteht nur für solche, die die Sache nicht nach allen ihren Beziehungen prüfen. Man muss, wie gesagt, Arbeit, Kräfte, Verbrauch usw. in Betracht ziehen.

Nehmen wir an, dass von zwei gleich großen Gebieten das eine Fünf und das andere Zehn einbringt. Verzehren nun die

Bewohner des ersten Vier und die des zweiten Neun, so beträgt der Überschuss des ersten Ertrages ein Fünftel und der des zweiten ein Zehntel. Da nun die Überschüsse im umgekehrten Verhältnis zu den Erträgen stehen, so gibt der Boden, der nur Fünf hervorbringt, einen doppelt so großen Überschuss als der, der Zehn hervorbringt.

Aber von einem doppelten Ertrag ist gar nicht die Rede, und ich glaube nicht, dass jemand so dreist ist, die Fruchtbarkeit kalter und heißer Länder im Allgemeinen für gleich zu erklären. Nehmen wir jedoch diese Gleichheit einmal an, vergleichen wir England mit Sizilien und Polen mit Ägypten! Dann haben wir weiter nach Süden noch Afrika und Indien, weiter nach Norden aber nichts mehr. Und selbst bei der angenommenen Gleichheit des Ertrages, so besteht doch eine große Verschiedenheit in der Bodenbearbeitung. In Sizilien braucht man den Boden nur zu lockern, was für Mühe verlangt dagegen die Landwirtschaft in England! Wo man aber mehr Hände bedarf, um denselben Ertrag zu erzielen, da muss der Überschuss auch unbedingt geringer sein.

Man berücksichtige ferner, dass die gleiche Zahl Menschen in den heißen Ländern bei weitem weniger verzehrt. Das Klima verlangt zur Erhaltung der Gesundheit Mäßigkeit; die Europäer, die dort wie zu Hause leben wollen, sterben sämtlich an Ruhr und Unverdaulichkeit. »Mit den Asiaten verglichen, sind wir«, sagt Chardin, »fleischfressende Tiere, wahrhaft reißende Wölfe. Einige schreiben die Mäßigkeit der Perser dem schlechten Anbau ihres Landes zu, ich dagegen bin überzeugt, dass das Land nur deshalb einen weniger reichen Ertrag liefert, weil eben die Bewohner weniger nötig haben. Wäre ihre Mäßigkeit«, fährt er fort, »die Folge der geringen Ertragsfähigkeit ihres Landes, so würden nur die Armen wenig essen, während die Mäßigkeit doch allgemein herrscht; und man würde in jeder Provinz je nach der Fruchtbarkeit ihres Bodens mehr oder weniger Nahrung gebrauchen, während sich im ganzen Königreich gleiche Mäßigkeit findet. Sie rühmen sich ihrer frugalen Lebensweise auch im hohen Grade, indem sie versichern, man brauche nur ihre Gesichtsfarbe anzusehen, um sofort die Vorzüge ihrer Lebensweise vor der der Christen zu erkennen. Die Gesichtsfarbe der Perser ist auch wirklich sehr rein und ihre Haut schön, fein und glatt, während die Gesichtsfarbe der ihnen unterworfenen Armenier, die nach europäischer Weise leben, grob und kupfrig und ihr Körper plump und schwerfällig ist.«

Je mehr man sich dem Äquator nähert, desto weniger Lebensbedürfnisse haben die Völker. Sie essen fast gar kein Fleisch; Reis, Mais, Kukuruz, Hirse, Cassava bilden die gewöhnlichen Nahrungsmittel. Millionen Menschen gebrauchen in Indien zu ihrem Lebensunterhalt täglich nur wenige Pfennige. Selbst in Europa gewahren wir in Bezug auf die Esslust einen auffallenden Unterschied zwischen den nördlichen und südlichen Völkern. Ein Spanier kann von dem Mittagsmahl eines Deutschen acht Tage leben. In den Ländern, wo die Menschen mehr Nahrungsmittel zu sich nehmen, dreht sich auch der Luxus um Esssachen; in England zeigt er sich auf einer mit Fleisch beladenen Tafel, und in Italien setzt man Zuckerwerk und Blumen vor.

Ähnliche Unterschiede bietet der Luxus in Kleidern dar. Unter Himmelsstrichen, wo der Witterungswechsel schnell und heftig eintritt, hat man bessere und einfachere Kleider; in solchen, wo man sich nur um des Putzes willen kleidet, nimmt man mehr auf Glanz als auf Nutzen Rücksicht, und die Kleidung ist dort reiner Luxus. In Neapel kann man täglich Leute nach Posillipo wandeln sehen, die goldbesetzte Oberkleider tragen, aber barfuß gehen. Ebenso verhält es sich mit den Wohnhäusern: Hat man nichts von der Ungunst der Witterung zu fürchten, so verwendet man alles auf äußere Pracht. In Paris und London will man warm und bequem wohnen; in Madrid hat man zwar prächtige Räumlichkeiten, aber keine schließenden Fenster, und schläft des Nachts in förmlichen Rattennestern.

In warmen Ländern sind die Nahrungsmittel kräftiger und saftreicher; das ist ein dritter Unterschied, der notwendigerweise auf den zweiten einwirken muss. Weshalb isst man in Italien so viel Gemüse? Weil es dort gut, nahrhaft und äußerst wohlschmeckend ist. In Frankreich, wo es höchstens begossen wird, nährt es nicht und ist für die Tafel fast wertlos; trotzdem verlangt sein Anbau ebenso viel Land und wenigstens ebenso viel Mühe. Wie die Erfahrung lehrt, gibt das Getreide in der Berberei, das im Übrigen dem französischen nachsteht, ungleich mehr Mehl, während das französische wieder mehr liefert als das Getreide der nördlichen Länder. Hieraus lässt sich schließen, dass man im Allgemeinen eine ähnliche Abstufung vom Äquator nach den Polen zu wahrnehmen kann. Liegt nun nicht ein augenscheinlicher Nachteil darin, wenn man bei einem gleichen Ertrag eine geringere Menge Nahrungsstoff erhält?

Allen diesen verschiedenen Betrachtungen kann ich noch eine hinzufügen, die sich aus ihnen ergibt und sie bestätigt, und zwar die, dass warme Länder weniger Bewohner bedürfen als kalte, obgleich sie mehr ernähren könnten, was einen doppelten Überschuss zugunsten des Despotismus gewährt. Je größer die Fläche ist, die eine gleiche Anzahl Bewohner einnimmt, desto schwieriger werden Empörungen, weil man sich weder schnell noch heimlich genug verabreden kann, und es der Regierung beständig leicht ist, die Pläne zu entdecken und die Verbindungen abzuschneiden. Je enger jedoch ein zahlreiches Volk zusammengedrängt wohnt, desto weniger kann die Regierung die Gewalt des Staatsoberhauptes, nämlich des Volkes, an sich reißen, denn die Häupter desselben beraten in ihren Zimmern ebenso sicher wie der Fürst in seinem Rat, und die Volksmasse versammelt sich auf den Plätzen ebenso schnell wie die Truppen in ihrem Lager. In dieser Beziehung liegt also für die tyrannische Regierung ein Vorteil darin, in großen Entfernungen wirken zu können. Mit Hilfe der Stützpunkte, die sie sich verschafft, steigert sich ihre Kraft mit der Entfernung gleich der Kraft eines Hebels.* Die des Volkes wirkt dagegen nur vereint; sobald sie sich ausdehnt, verflüchtigt und verliert sie sich wie die Wirkung des vereinzelt auf der Erde liegenden Pulvers, das sich nur Korn für Korn entzündet. Die am wenigsten bevölkerten Länder sind folglich für die Tyrannei am meisten geeignet; nur in Wüsten herrschen wilde Tiere.

* Dies widerspricht meiner im neunten Kapitel des zweiten Buches aufgestellten Behauptung über die Übelstände großer Staaten keineswegs, denn dort handelte es sich um die Macht der Regierung über ihre eigenen Glieder, und hier handelt es sich um ihre Gewalt über die Untertanen. Ihre zerstreuten Glieder dienen ihr als Mittelpunkte, um in der Ferne auf das Volk zu wirken; aber sie besitzt keinen Mittelpunkt, um unmittelbar auf ihre Glieder selbst zu wirken. In dem einen Fall verursacht also die Länge des Hebels keine Schwäche und in dem anderen keine Kraft.

9. KAPITEL

Kennzeichen einer guten Regierung

Wenn man ganz im Allgemeinen fragt, welche Regierung die beste sei, so wirft man eine ebenso unlösliche wie unbestimmte Frage auf, oder auch, wenn man will, eine Frage, die ebenso viele richtige Lösungen hat, als es nur irgendwelche denkbaren Berechnungen in den absoluten wie relativen Lagen der Völker gibt.

Fragt man dagegen, woran es sich erkennen lasse, ob ein bestimmtes Volk gut oder schlecht regiert werde, so ist dies etwas anders, und eine so gestellte Frage kann richtig beantwortet werden.

Trotzdem ist ihre Lösung noch nicht gefunden, weil sie jeder auf seine Weise lösen will. Die Untertanen preisen die öffentliche Ruhe, die Staatsbürger die persönliche Freiheit; der eine stellt die Sicherheit des Eigentums höher, der andere die der Person; dem einen gilt die strengste Regierung als die beste, dem anderen die mildeste; dieser verlangt die Bestrafung, der andere die Verhütung der Verbrechen; der eine findet es schön, den Nachbarn Furcht einzujagen, der andere wünscht ihnen lieber unbekannt zu sein; der eine ist zufrieden, wenn Geld im Umlauf ist, der andere verlangt, dass das Volk Brot habe. Selbst wenn man über diese und andere ähnliche Punkte derselben Ansicht wäre, hätte man damit viel gewonnen? Da die moralischen Eigenschaften jedes genauen Maßstabes entbehren, würde man sich wohl über die Schätzung eines Kennzeichens verständigen können?

Mich persönlich setzt es immer in Verwunderung, dass man ein so einfaches Kennzeichen absichtlich oder unabsichtlich verleugnet. Was ist denn der Zweck der politischen Vereinigung? Doch nichts anderes als die Erhaltung und Wohlfahrt ihrer Glieder. Und welches ist das sicherste Kennzeichen, dass sie sich erhalten und gedeihen? Die Zunahme der Bevölkerung. Man suche doch also dieses vielbestrittene Kennzeichen nicht woanders. Bei Gleichheit aller übrigen Verhältnisse ist unstreitig die Regierung die beste, unter der sich ohne fremdartige Mittel, ohne Naturalisation, ohne Kolonien die Zahl der Bürger fort und fort vermehrt. Die Regierung dagegen, unter der ein Volk abnimmt und dahinschwindet, ist die schlechteste. Jetzt, ihr Rechenkünstler, macht euch ans Werk! Zählt, messt und vergleicht!*

* Nach demselben Grundsatz sollte man sich auch darüber einigen, welche Jahrhunderte sich um die Wohlfahrt des menschlichen Geschlechtes am meisten verdient gemacht haben. Man hat viel zu sehr solche bewundert, in denen man Künste und Wissenschaften blühen sah, ohne sich über den geheimen Ausgang ihrer Kultur klar zu werden und die unseligen Wirkungen derselben zu erkennen. *»Idque apud imperitos humanitas vocabatur, quum pars servitutis esset.«* (»Und das deuteten sie als Verbesserung ihres Lebensstandards, obwohl es doch Bestandteil ihrer Unterwerfung war.« *Tac. Agric.* XXI) Werden wir denn in der Buchweisheit nie den groben Eigennutz erkennen, der die Schriftsteller erfüllt hat? Nein, was sie auch sagen mögen: Sobald trotz allem Glanz die Volkszahl in einem Land geringer wird, so ist es nicht wahr, dass alles gut geht, und es genügt nicht, dass ein Dichter jährlich hunderttausend Mark bezieht, um sein Jahrhundert als das herrlichste hinzustellen. Man muss nicht die scheinbare Ruhe und Zufriedenheit der Machthaber ins Auge fassen, sondern das Wohlergehen des ganzen Volkes und namentlich der zahlreichen Stände. Der Hagel verheert wohl einige Landstriche, ruft aber selten Hungersnot hervor. Empörungen und Bürgerkriege können die Oberhäupter freilich in Schrecken setzen, bilden

10. KAPITEL

Vom Missbrauch der Regierung und ihrer Geneigtheit auszuarten

Gerade wie der Wille des Einzelnen unaufhörlich gegen den allgemeinen Willen ankämpft, liegt auch die Regierung im unaufhörlichen Kampf gegen die Oberherrlichkeit. Je leidenschaftlicher dieser Kampf wird, desto mehr wird die Verfassung geschädigt, da es hier keinen anderen Standeswillen gibt, der im Widerstand gegen den Fürsten ihm die Spitze bieten könnte, so muss es früher oder später dahin kommen, dass der Fürst schließlich das Staatsoberhaupt unterdrückt und den Gesellschaftsvertrag bricht. Das ist der damit unzertrennlich verbundene Mangel, der von der Bildung des Staatskörpers an ihn un-

aber nicht das wahre Elend der Völker, die bei dem Streit darüber, wer sie tyrannisieren soll, sogar Erholung finden können. Aus ihrem dauernden Zustand geht ihr wahres Wohlergehen oder ihre wirkliche Not hervor. Wenn alles unter dem Joch zermalmt wird, dann geht alles zugrunde, dann vernichten die Machthaber, wen sie wollen, *»ubi solitudinem faciunt, pacem appellant.«* (»und nennen es Frieden, wo sie eine Einöde schaffen.« *Tac. Agric.* XXXI) Als die Verfeindungen der Großen Frankreich beunruhigten und der Coadjutor von Paris mit einem Dolch in der Tasche in das Parlament ging, lebte das Volk trotzdem in anständiger und unabhängiger Wohlhabenheit glücklich und zahlreich; Griechenland blühte einst unter den grausamsten Kriegen, das Blut floss in Strömen, und doch war das Land übervölkert. »Unsere Republik«, sagt Machiavelli, »schien mitten unter Mordtaten, Achtserklärungen und Bürgerkriegen immer mächtiger zu werden; die Tugend ihrer Bürger, ihre Sitten, ihre Unabhängigkeit bewirkten eher ihre Kräftigung als alle Zwistigkeiten ihre Schwächung. Eine geringe Erregung gibt den Gemütern Spannkraft und was zum Wohlergehen der Menschheit in Wahrheit beiträgt, ist nicht sowohl der Frieden als die Freiheit.«

ablässig zu zerstören strebt, wie Alter und Tod zuletzt den Körper des Menschen zerstören.

Gewöhnlich sind es zwei Wege, auf denen eine Regierung entartet, und zwar Zusammenziehung oder Auflösung des Staates.

Die Regierung zieht sich zusammen, wenn sie von einer großen Anzahl auf eine kleinere, das heißt von der Demokratie zur Aristokratie und von der Aristokratie zum Königtum übergeht. Das beruht auf ihrer natürlichen Geneigtheit dazu.* Ginge sie von der kleineren Zahl zur größeren zurück, so könnte man sagen, dass sie erschlaffte; aber dieser umgekehrte Übergang ist unmöglich.

Man wird nicht unterlassen, mir die römische Republik entgegenzuhalten, die eine völlig entgegengesetzte Entwicklung genommen, insbesondere indem sie von der Monarchie zur Aristokratie und von der Aristokratie zur Demokratie übergegangen sei. Ich denke hierüber ganz anders.

Die erste Stiftung des Romulus war eine gemischte Regierung, die bald in Despotismus ausartete. Aus besonderen Ursachen ging der Staat vor der Zeit zugrunde, wie man ja auch ein Kind sterben sieht, ehe es erwachsen ist. Die Vertreibung der Tarquinier war der eigentliche Beginn der Republik. Allein sie gewann nicht sofort eine feste Gestalt, weil man das Patriziat nicht abschaffte und mithin das Werk nur halb tat. Sonach verblieb die

* Das langsame Entstehen und die allmähliche Entwicklung der Republik Venedig in ihren Lagunen bieten ein bemerkenswertes Beispiel eines solchen Verlaufs dar, und es ist dabei höchst auffallend, dass die Venezianer seit länger als zwölfhundert Jahren noch immer auf der zweiten Stufe, welche mit Serrar di Comiglio 1198 begann, zu stehen scheinen. Was die alten Herzoge anlangt, die man ihnen zum Vorwurf macht, so ist, was auch Squittinio della liberta Veneta sagen möge, klar nachgewiesen, dass sie nicht die Staatsoberhäupter gewesen sind.

Erbaristokratie, die schlechteste aller gesetzlichen Regierungsformen, und stand in unaufhörlichem Kampf mit der Demokratie, sodass, wie Machiavelli nachgewiesen hat, die noch lange unsichere und schwankende Regierungsform erst durch die Einsetzung der Volkstribunen einen festen Halt erhielt; nun erst gab es eine wahre Regierung und eine wirkliche Demokratie. Jetzt war das Volk nicht allein Staatsoberhaupt, sondern auch Obrigkeit und Richter; der Senat war nur eine untergeordnete Verwaltungsbehörde, um die Regierung zu mäßigen und zu vereinigen, und selbst die Konsuln hatten in Rom, wenn sie auch Patrizier, höchste Obrigkeiten und im Krieg unumschränkte Feldherren waren, doch nur den Vorsitz in den Volksversammlungen.

Von nun an konnte man wahrnehmen, wie bei der Regierung auch schon wieder ihr natürlicher Drang zur Aristokratie stark hervortrat. Da das Patriziat wie von selbst erlosch, befand sich die Aristokratie nicht mehr wie zu Venedig und Genua in der Gesamtheit der Patrizier, sondern im Körper des Senats, der aus Patriziern und Plebejern bestand, ja sogar im Stand der Tribunen, als diese anfingen, sich eine aktive Gewalt anzumaßen, denn Namen tun nichts zur Sache, und wenn das Volk erst Häupter hat, die anstatt seiner regieren, so ist dies immer eine Aristokratie, wie die Häupter auch genannt werden mögen.

Aus dem Missbrauch der Aristokratie entstanden die Bürgerkriege und das Triumvirat. Sulla, Julius Cäsar und Augustus wurden in der Tat wirkliche Monarchen, und schließlich löste sich der Staat unter dem Despotismus des Tiberius auf. Die römische Geschichte widerlegt also meinen Grundsatz nicht, sondern bestätigt ihn vielmehr.

In der Tat ändert die Regierung ihre Form nur, wenn die Abnutzung ihres Getriebes sie so geschwächt hat, dass sie sich in ihrer bisherigen nicht mehr zu erhalten vermag. Bei einer durch Ausdehnung herbeigeführten weiteren Schwächung müsste nun ihre Kraft völlig aufhören, und sie würde noch weniger bestehen können. Je nachdem das Getriebe nachgegeben hat, muss es also wieder instand gesetzt und in Gang gebracht werden, sonst müsste der Staat, den es erhält, in Trümmer sinken.

Die Auflösung des Staates kann auf zweierlei Art erfolgen.

Erstens, sobald der Fürst den Staat nicht mehr nach den Gesetzen verwaltet und sich die oberherrliche Gewalt anmaßt. Dann geht eine sehr auffallende Veränderung vor sich, indem sich nicht die Regierung, sondern der Staat zusammenzieht; damit meine ich: Der große Staat löst sich auf, und es bildet sich in ihm ein neuer, der nur aus den Gliedern der Regierung besteht und für das ganze übrige Volk nichts als sein Herr und Tyrann ist. Reißt die Regierung in dieser Weise die Oberherrlichkeit an sich, so ist der Gesellschaftsvertrag gebrochen, und alle einfachen Staatsbürger, die von Rechts wegen in ihre natürliche Freiheit zurücktreten, gehorchen nur aus Zwang und nicht aus Pflicht.

Derselbe Fall findet statt, sobald die Glieder der Regierung die Macht, die sie nur in der Gesamtheit ausüben dürfen, einzeln an sich reißen; dies ist nicht minder eine Verletzung der Gesetze und ruft noch weit größere Verwirrung hervor. Nun hat man gleichsam ebenso viele Fürsten wie obrigkeitliche Personen, und der Staat, der in der gleichen Weise wie die Regierung geteilt ist, geht unter oder ändert seine Gestalt.

Löst der Staat sich auf, so wird die durch Missbrauch der Gewalt an sich gerissene Regierung mit dem gemeinsamen Namen Anarchie bezeichnet. Will man einen Unterschied aufstellen, so artet die Demokratie in Ochlokratie, die Aristokratie in

Oligarchie aus; ich könnte noch hinzusetzen, das Königtum arte in Tyrannei aus, aber letzteres Wort ist doppelsinnig und verlangt erst eine Erklärung.

Im gewöhnlichen Sinn ist ein Tyrann ein König, der gewalttätig und ohne Rücksicht auf Gerechtigkeit und Gesetze regiert. Im engeren Sinn versteht man unter einem Tyrannen einen Privatmann, der sich die königliche Gewalt anmaßt, ohne ein Recht darauf zu besitzen. So fassten die Griechen das Wort Tyrann auf; sie legten es ohne Unterschied allen guten wie schlechten Fürsten bei, deren Gewalt nicht gesetzmäßig war.* Mithin sind Tyrann und Usurpator völlig synonyme Wörter.

Um verschiedene Begriffe auch verschieden auszudrücken, nenne ich den Usurpator der königlichen Gewalt einen Tyrannen und den Usurpator der oberherrlichen Gewalt einen Despoten. Tyrann ist also, wer sich den Gesetzen zuwider die Gewalt anmaßt, um nach den Gesetzen zu regieren; Despot, wer sich über die Gesetze selbst hinwegsetzt. Folglich braucht ein Tyrann nicht Despot zu sein, während der Despot stets Tyrann ist.

* *Omnes enim habentur et dicuntur tyranni, qui potestate utuntur in ea civitate, quae libertate usa est.* (»Als Tyrannen gelten ja alle, die Macht in einem Staat ausüben, der Freiheit gewohnt war.« *Corn. Nep. In Milt.*, Kap. VIII) Allerdings unterscheidet Aristoteles den Tyrannen vom König, indem er sagt, dass Ersterer für seinen eigenen Vorteil und Letzterer nur für das Wohlergehen seiner Untertanen regiere; aber nicht allein haben alle griechischen Verfasser das Wort Tyrann in einem anderen Sinn gebraucht, wie sich namentlich aus Xenophons Hiero ersehen lässt, sondern es würde auch aus der Unterscheidung des Aristoteles folgen, dass es seit Anfang der Welt noch keinen einzigen König gegeben hätte.

II. KAPITEL

Vom Tod des politischen Körpers

Dies ist die natürliche und unvermeidliche Neigung jeder Regierung, auch wenn sie eine noch so gute Verfassung besitzt. Welcher Staat kann wohl, nachdem Sparta und Rom untergegangen sind, auf einen ewigen Bestand rechnen? Wollen wir eine dauerhafte Gründung vornehmen, so dürfen wir also nicht daran denken, ein Werk für die Ewigkeit zu schaffen. Um Erfolg zu haben, muss man weder das Unmögliche versuchen, noch sich schmeicheln, einem Menschenwerk eine Festigkeit zu verleihen, die mit menschlichen Dingen unvereinbar ist.

Ebenso wie der menschliche Körper beginnt auch der politische schon von seiner Entstehung an zu sterben und trägt den Keim seines Unterganges in sich selbst. Aber der eine wie der andere kann eine mehr oder weniger kräftige Körperbeschaffenheit besitzen, die ihn befähigt, sich länger oder kürzer zu erhalten. Die des Menschen ist das Werk der Natur, die des Staates das Werk der Kunst. Es liegt nicht in der Macht der Menschen, ihr Leben zu verlängern, wohl aber sind sie imstande, dem des Staates eine möglichst lange Frist zu geben, indem sie ihn mit der besten Verfassung ausrüsten, die sich für ihn eignet. Auch der am besten bezüglich der Verfassung eingerichtete Staat wird einmal ein Ende nehmen, aber doch später als ein anderer, wenn nicht ein unvorhergesehener Zufall seinen Untergang vor der Zeit herbeiführt.

Das Prinzip des politischen Lebens liegt in der oberherrlichen Gewalt. Die gesetzgebende Macht ist das Herz des Staates, die vollziehende sein Gehirn, das allen Teilen Bewegung gibt. Das Gehirn kann gelähmt werden und der Mensch trotzdem weiterleben. Er verfällt in Blödsinn, aber er lebt; sobald jedoch das Herz seine Tätigkeit einstellt, tritt der Tod ein.

Nicht durch die Gesetze besteht der Staat, sondern durch die gesetzgebende Macht. Ein Gesetz von gestern legt heute keine Verpflichtung auf; mehr aber das Stillschweigen lässt auf die Einwilligung schließen, und das Staatsoberhaupt muss deshalb unaufhörlich die Gesetze wieder bestätigen, die es nicht aufhebt, obgleich es dazu berechtigt ist. Alles, was es einmal für seinen Willen erklärt hat, will es immer, so lange wenigstens, bis ein Widerruf erfolgt.

Weshalb zeigt man denn so große Ehrfurcht vor alten Gesetzen? Gerade deshalb, weil sie alt sind. Man muss annehmen, dass nur die Vortrefflichkeit der altehrwürdigen Willensmeinungen sie so lange hat erhalten können. Wenn das Staatsoberhaupt sie nicht beständig als ersprießlich anerkannt hätte, würde es sie schon tausendmal widerrufen haben. Aus diesem Grund schwächen sich in jedem wohleingerichteten Staat die Gesetze nicht nur, sondern gewinnen unaufhörlich neue Kraft; das Vorurteil für das Alte lässt sie täglich ehrwürdiger erscheinen. Verlieren dagegen die Gesetze durch das Alter an Kraft, so liegt darin der Beweis, dass es eine gesetzgebende Macht nicht mehr gibt und der Staat nicht mehr lebt.

12. KAPITEL

Wie sich die oberherrliche Gewalt aufrechterhält

Da das Staatsoberhaupt keine andere Macht hat als die gesetzgebende Gewalt, so wirkt es nur durch Gesetze, und da die Gesetze nur authentische Beschlüsse des allgemeinen Willens sind, so kann das Staatsoberhaupt nur wirken, wenn das Volk versammelt ist. Das Volk versammelt, wird man sagen, welch ein Hirngespinst! Heutzutage ist es allerdings ein Hirngespinst, aber vor zweitausend Jahren war es keine Utopie. Hat sich die Natur der Menschen denn geändert?

In der geistigen Welt sind die Grenzen des Möglichen weniger eng, als wir glauben; erst unsere Schwächen, unsere Laster und unsere Vorurteile verengen sie. Gemeine Seelen glauben nicht an große Männer; erbärmliche Sklaven lachen spöttisch bei dem Wort Freiheit.

Aus dem Geschehenen wollen wir auf das schließen, was geschehen kann. Ich will nicht von den alten Republiken Griechenlands reden, aber die römische Republik war doch, nach meiner Meinung, ein großer Staat und Rom eine große Stadt. Der letzte Zensus ergab in Rom vierhunderttausend waffenfähige Bürger und die letzte Volkszählung im ganzen Reich vier Millionen Bürger, wobei alle, die nicht das Bürgerrecht erhalten hatten, und ferner Ausländer, Frauen, Kinder und Sklaven nicht mitgerechnet waren.

Welche Schwierigkeit würde man sich nicht vorstellen, die ungeheure Volksmasse dieser Hauptstadt und ihrer Umgegend häufig zu versammeln! Gleichwohl verstrichen wenige Wochen, dass das römische Volk nicht versammelt worden wäre, ja mitunter sogar mehrmals in der Woche. Nicht allein übte es die oberherrlichen Rechte aus, sondern zum Teil auch die der Regierung. Es verhandelte gewisse Geschäfte, fällte das Urteil in gewissen Prozessen, und das ganze Volk befand sich fast ebenso oft in obrigkeitlicher wie in bürgerlicher Eigenschaft auf dem öffentlichen Platz.

Wenn man auf die ältesten Zeiten der Völker zurückginge, würde man finden, dass die meisten alten Regierungen, selbst monarchische, wie die der Mazedonier und Franken, ähnliche Volksberatungen abhielten. Wie dem auch sein möge, so widerlegt schon diese einzige unbestreitbare Tatsache alle gemeinten Schwierigkeiten, der Schluss von der Wirklichkeit auf die Möglichkeit scheint mir untrüglich zu sein.

13. KAPITEL
Fortsetzung

Es genügt nicht, dass das versammelte Volk die Staatsverfassung einmal durch die Bestätigung eines Gesetzbuches festgesetzt, auch nicht, dass es eine bleibende Regierung eingeführt oder ein für alle Mal für die Wahl der Behörden Vorkehrungen getroffen hat, sondern es muss außer den außerordentlichen Versammlungen, die unvorhergesehene Fälle nötig machen können, regelmäßige und periodische geben, die unter keinen Umständen abgeschafft oder vertagt werden dürfen, sodass das Volk gesetzlich auf einen bestimmten Tag zusammengerufen ist, ohne dass es dazu erst einer anderen ausdrücklichen Einberufung bedarf.

Allein außer diesen an bestimmten Tagen durch das Gesetz angeordneten Versammlungen muss jede Volksversammlung, die nicht von den zu diesem Zweck eingesetzten Obrigkeiten auf vorschriftsmäßigem Weg zusammenberufen ist, für ungesetzmäßig und jeder Beschluss derselben für null und nichtig gehalten werden, weil selbst der Befehl, sich zu versammeln, vom Gesetz ausgehen muss.

Die mehr oder weniger häufige Wiederkehr solcher gesetzmäßigen Versammlungen hängt von so vielen Rücksichten ab, dass man darüber keine bestimmten Regeln zu erteilen vermag.

Im Allgemeinen lässt sich nur sagen, dass sich das Staatsoberhaupt, also das Volk, desto häufiger zeigen muss, je kräftiger die Regierung ist.

Für eine einzelne Stadt, wird man mir vielleicht einwenden, mag dies ganz gut sein; was aber anfangen, wenn der Staat mehrere umfasst? Soll man die oberherrliche Gewalt teilen oder sie auf eine einzige Stadt beschränken und alles Übrige ihr unterwerfen?

Ich erwidere, dass man weder das eine noch das andere tun darf. Erstens ist die oberherrliche Gewalt eine einfache, die man, ohne sie zu zerstören, nicht teilen darf. Sodann kann eine Stadt ebenso wenig wie ein Volk gesetzmäßig einer anderen untertänig sein, weil der politische Körper seinem Wesen nach sowohl auf Gehorsam wie auf Freiheit beruht, und die Worte Untertan und Staatsoberhaupt identische Wechselbegriffe bilden, deren einheitlicher Begriff sich in dem Wort Staatsbürger vereinigt.

Ferner entgegne ich, dass es stets ein Übel ist, mehrere Städte zu einem einzigen Gemeinwesen zu vereinigen, und dass man bei der Herbeiführung einer solchen Vereinigung nicht darauf rechnen kann, die von Natur damit verbundenen Übelstände zu vermeiden. Gegen einen Mann, der nur kleine Staaten will, darf man die Missbräuche in den großen nicht als Einwand erheben. Wie soll man denn nun aber den kleinen Staaten hinlängliche Stärke verleihen, um den großen widerstehen zu können? Wie einst die griechischen Städte dem Perserkönig und in letzter Zeit Holland und die Schweiz dem Haus Österreich widerstanden.

Kann man nun den Staat nicht auf die gehörigen Grenzen beschränken, so bleibt immer noch ein Ausweg, und zwar keine Hauptstadt zu dulden, jede Stadt der Reihe nach zum Sitz der Regierung zu machen und in ihnen auch abwechselnd die Volksversammlungen abzuhalten.

Gleichmäßige Bevölkerung aller Landesteile, Unterwerfung aller Untertanen unter die gleichen Gesetze, Verbreitung von Wohlstand und Lebensfreudigkeit wird den Staat zu den stärksten und bestregiertesten machen, wie es irgend möglich ist. Man darf nie vergessen, dass die Mauern der Städte nur aus den Trümmern der Bauernhäuser errichtet werden. Bei jedem Schloss, das ich in der Hauptstadt erbauen sehe, glaube ich die Schutthaufen einer ganzen Landschaft vor mir zu erblicken.

14. KAPITEL
Fortsetzung

In dem Augenblick, wo das Volk als oberherrlicher Körper gesetzmäßig versammelt ist, ruht jegliche Befehlshabergewalt der Regierung, ist die vollziehende Gewalt aufgehoben und die Person des geringsten Bürgers ebenso heilig und unverletzlich wie die des höchsten Staatsbeamten, weil es in der Anwesenheit des Vertretenen keine Vertreter mehr gibt. Die meisten Unruhen, die zu Rom in den Komitien entstanden, rührten von der Unkenntnis oder Vernachlässigung dieses Grundsatzes her. Damals waren die Konsuln nur die Leiter der Volksversammlungen, die Tribunen bloße Sprecher* und der Senat gar nichts.

Die Zwischenzeiten dieser Gewalteinstellung, in denen der Fürst einen wirklichen Oberherrn anerkennt oder wenigstens anerkennen sollte, sind ihm stets schrecklich gewesen; und diese

* Ungefähr in dem Sinn, den man im englischen Parlament mit diesem Wort verbindet. Die Ähnlichkeit dieser Ämter würde Zwistigkeiten zwischen dem Konsuln und Tribunen hervorgerufen haben, selbst wenn alle Befehlshabergewalt geruht hätte.

Volksversammlungen, die den Schutz des politischen Körpers und den Zügel der Regierung bilden, sind stets den Oberhäuptern ein Gräuel gewesen. Auch lassen sie es weder an Bemühungen noch Einwänden, weder an Schwierigkeiten noch Versprechungen fehlen, um sie den Staatsbürgern zu verleiden. Sind Letztere geizig, feige, verzagt, lieben sie mehr die Ruhe als die Freiheit, so halten sie es gegen die immer neuen Anstrengungen der Regierung nicht lange aus. Bei der unaufhörlichen Steigerung ihres Widerstrebens verschwindet schließlich die oberherrliche Gewalt vollkommen, und die meisten Gemeinwesen verfallen auf diese Weise und gehen vor der Zeit zugrunde.

Zwischen der oberherrlichen Gewalt und der unumschränkten Regierung taucht bisweilen noch eine Mittelmacht auf, die einer näheren Erwähnung bedarf.

15. KAPITEL

Von den Abgeordneten oder Vertretern des Volkes

Sobald der Staatsdienst aufhört, die Hauptangelegenheit der Bürger zu sein, und sie ihm lieber mit ihrem Geld als mit ihrer Person dienen, ist der Staat schon seinem Untergang nahe. Zum Kampf schicken sie Miettruppen und bleiben zu Hause, zur Beratung ernennen sie Abgeordnete und bleiben wieder zu Hause. Infolge ihrer Trägheit und ihres Geldes unterjochen ihre Soldaten endlich das Vaterland und verkaufen es die Vertreter.

Das rastlose Treiben des Handels und der Künste, die nie zu befriedigende Gewinnlust, die Weichlichkeit und Bequemlichkeitsliebe bringen es dahin, dass jeder persönliche Dienst durch

Geld ersetzt wird. Man tritt einen Teil seines Verdienstes ab, um desto ungestörter dem Mammon nachjagen zu können. Aber gebet nur Geld her und man wird euch bald mit Ketten lohnen. Das Wort Finanzen ist ein Sklavenwort und in einem wirklichen Gemeinwesen unbekannt. In einem wahrhaft freien Land tun die Bürger alles mit ihren Armen und nichts mit dem Geld; weit entfernt, sich von ihren Pflichten freizumachen, würden sie noch dafür bezahlen, sie persönlich zu erfüllen. Ich stimme der gewöhnlichen Ansicht durchaus nicht bei; ich bin überzeugt, dass Frondienste mit der Freiheit weniger im Widerspruch stehen als Abgaben.

Je vollendeter die Staatsverfassung ist, desto mehr überwiegen die öffentlichen Angelegenheiten in den Augen des Staatsbürgers die privaten. Es gibt dann sogar weit weniger Privatangelegenheiten, weil von der Summe der allgemeinen Wohlfahrt ein weit beträchtlicherer Teil auf die des Einzelnen übergeht, und derselbe deshalb durch eigene Sorge weit weniger zu erringen braucht. In einem gut verwalteten Gemeinwesen eilt jeder zu den Versammlungen; unter einer schlechten Regierung hat niemand Lust, auch nur einen Schritt darum zu tun, weil an dem, was dort vorgeht, niemand Anteil nimmt. Es lässt sich voraussehen, dass der allgemeine Wille dort nicht zur Herrschaft gelangen wird, und die häuslichen Sorgen keine anderen Interessen zulassen. Aus den guten Gesetzen gehen noch bessere hervor, aus den schlechten noch schlechtere. Sobald man bei Staatsangelegenheiten die Worte hören kann »Was geht das mich an?«, kann man darauf rechnen, dass der Staat verloren ist.

Die Erkaltung der Vaterlandsliebe, die Regsamkeit des Privatinteresses, die übertriebene Größe der Staaten, die Eroberungen, der Missbrauch der Regierung haben den Gedanken erweckt, die

Volksversammlungen nur durch Abgeordnete oder Vertreter abhalten zu lassen. In gewissen Ländern erdreistet man sich, solche Abgeordnete den dritten Stand zu nennen. In dieser Form nimmt das Privatinteresse zweier Klassen die erste und zweite Stelle ein, während dem Staatsinteresse die dritte überlassen bleibt.

Die Oberherrlichkeit oder Staatshoheit kann aus demselben Grund, die ihre Veräußerung unstatthaft macht, auch nicht vertreten werden; sie besteht wesentlich im Allgemeinen Willen, und der Wille lässt nicht vertreten; er bleibt derselbe oder er ist ein anderer; ein mittleres kann nicht stattfinden. Die Abgeordneten des Volkes sind also nicht seine Vertreter und können es gar nicht sein; sie sind nur seine Bevollmächtigten und dürfen nichts entscheidend beschließen. Jedes Gesetz, das das Volk nicht persönlich bestätigt hat, ist null und nichtig; es ist kein Gesetz. Das englische Volk wähnt frei zu sein; es täuscht sich außerordentlich; nur während der Wahlen der Parlamentsmitglieder ist es frei; haben diese stattgefunden, dann lebt es wieder in Knechtschaft, ist es nichts. Die Anwendung, die es in den kurzen Augenblicken seiner Freiheit von ihr macht, verdient auch wahrlich, dass es sie wieder verliert.

Der Gedanke der Stellvertretung gehört der neueren Zeit an. Die Vertretung ist der Ausfluss jener unbilligen und sinnlosen Regierungsform der Feudalzeit, in der die menschliche Gattung herabgewürdigt und der Name Mensch geschändet wird. In den alten Republiken, ja sogar in den Monarchien hatte das Volk nie Vertreter; man hatte in der Sprache nicht einmal ein Wort dafür. Es ist höchst auffallend, dass man sich in Rom, wo die Tribunen so heilige Personen waren, nie einfallen ließ, sie könnten sich die oberherrlichen Rechte des Volkes anmaßen, und dass sie sich inmitten einer so großen Volksmasse nie versucht fühlten, aus eigener Machtvollkommenheit ein Plebiszit ergehen zu lassen. Von der Unordnung, die die große Volksschar bisweilen herbeiführte, kann man sich jedoch nach dem ein Urteil bilden, was sich zur Zeit der Gracchen ereignete, wo viele Bürger ihre Stimmen von den Dächern herab abgaben.

Wo Recht und Freiheit das höchste Gut sind, sind solche Übelstände bedeutungslos. Bei jenem weisen Volk hatte alles das rechte Maß. Seine Liktoren durften sich herausnehmen, was seine Tribunen nie zu tun gewagt hätten; es brauchte nicht zu befürchten, dass seine Liktoren die Absicht hatten, es zu vertreten.

Um sich indessen zu erklären, wie es die Tribunen bisweilen doch vertraten, genügt die Kenntnis, wie die Regierung das Staatsoberhaupt vertritt. Da das Gesetz nur die Darlegung des allgemeinen Willens ist, so liegt es auf der Hand, dass das Volk in seiner gesetzgebenden Gewalt nicht vertreten werden kann, während es in der vollziehenden Gewalt, die nur die nach dem Gesetz angewandte Kraft ist, vertreten werden kann und sogar muss. Dies zeigt deutlich, dass man bei gründlicher Prüfung der Verhältnisse sehr wenige Völker finden würde, die Gesetze im eigentlichen Sinne haben. Wie dem auch sein möge, so ist doch so viel gewiss, dass die Tribunen, da sie an der vollziehenden Gewalt keinen Anteil hatten, nie berechtigt waren, das römische Volk von Amts wegen zu vertreten, sondern es nur durch Usurpation der Rechte des Senats tun konnten.

Alles, was bei den Griechen das Volk zu tun hatte, tat es selbst: es war fortwährend auf den öffentlichen Plätzen versammelt. Ein mildes Klima war seine Heimat, und Habgier war ihm fremd; Sklaven verrichteten seine Arbeiten, alles drehte sich bei ihm nur um die Freiheit. Da kein Volk mehr die gleichen Vorteile besitzt, wie könnte es da noch dieselben Rechte behaupten? Durch unser raueres Klima sind weit mehr Bedürfnisse hervorgerufen*: Sechs Monate im Jahr kann man es auf den öffentlichen Plätzen nicht aushalten, unsere klanglosen Sprachen bleiben in freier Luft fast unverständlich, wir sehen mehr auf Gewinn als auf Freiheit und haben weit geringere Scheu vor der Sklaverei als vor der Armut.

Wie! Die Freiheit lässt sich nur mit Hilfe der Knechtschaft behaupten? Vielleicht. Die Extreme berühren sich. Alles, was nicht durch die Natur bedingt ist, hat seine Übelstände, und die bürgerliche Gesellschaft mehr als alles andere. Es gibt leider solche unglückseligen Lagen, dass man seine eigene Freiheit nur auf Kosten der Freiheit anderer behaupten und der Bürger nur dadurch vollkommen frei sein kann, dass der Sklave in der allertiefsten Sklaverei schmachtet. Der Art war die Lage Spartas. Ihr Völker heutiger Zeit habt zwar keine Sklaven, aber dafür seid ihr es selbst; ihr bezahlt ihre Freiheit mit der eurigen. Ihr rühmt euch dieses Vorzugs vergeblich, ich finde darin mehr Feigheit als Menschlichkeit.

Mit dem allen will ich keineswegs behaupten, dass man sich Sklaven halten müsse oder dass das Recht der Sklaverei gesetzmäßig sei; ich habe ja gerade das Gegenteil bewiesen. Ich gebe lediglich die Gründe an, weshalb die neueren Völker, die sich für frei halten, Vertreter haben, und weshalb die alten Völker keine hatten. Wie dem auch sei, sobald ein Volk Vertreter ernennt, ist es nicht mehr frei, existiert es nicht mehr.

Alles wohl erwogen begreife ich es nicht, wie es dem Staatsoberhaupt in Zukunft möglich ist, sich unter uns die Übung sei-

* In kalten Ländern sich dem Luxus und der Weichlichkeit der Morgenländer hinzugeben, hieße sich absichtlich ihre Ketten anlegen, hieße sich eine noch weit größere Sklaverei aufzubürden als jene.

ner Rechte zu bewahren, wenn nicht das Gemeinwesen sehr klein ist. Aber wird es in diesem Fall nicht unterjocht werden? Nein. Ich werde später* zeigen, wie man die äußere Macht eines großen Volkes mit der ungezwungenen Verwaltung und der guten Ordnung eines kleinen Staates vereinen kann.

16. KAPITEL
Die Einsetzung der Regierung ist kein Vertrag

Sobald die gesetzgebende Gewalt einmal vollkommen gegründet ist, gilt es, die vollziehende Gewalt ebenfalls festzusetzen; denn Letztere, die durch ihre Verfügungen nur auf Einzelne wirkt, teilt nicht das Wesen der Ersteren und ist von ihr von Natur verschieden. Wäre eine Möglichkeit vorhanden, dass das Staatsoberhaupt, als solches betrachtet, zugleich die vollziehende Gewalt ausübte, so würde das Recht und die Vollstreckung in einer Weise miteinander vermengt werden, dass man nicht mehr wissen würde, was Gesetz ist und was keins, und der auf diese Weise verdorbene politische Körper würde der Gewalttätigkeit, gegen die er gestiftet wurde, bald zur Beute werden.

Da die Staatsbürger nach dem Gesellschaftsvertrag sämtlich gleich sind, so können auch alle vorschreiben, was die Gesamtheit tun muss, während keiner verlangen darf, dass ein anderer etwas tue, was er nicht selbst verrichtet. Gerade dieses zur Bele-

* Diesen Nachweis hatte ich mir in der Fortsetzung des Werkes zu führen vorgenommen, wenn ich bei der Behandlung der auswärtigen Beziehungen zu den Bündnissen gekommen sein würde, einem noch ganz neuen Stoff, bei dem sogar erst die Prinzipien festgestellt werden müssen.

bung und Bewegung des Staatskörpers unentbehrliche Recht ist es eigentlich, das das Staatsoberhaupt bei der Gründung der Regierung dem Fürsten verleiht.

Einige wollen in dem Akt dieser Gründung einen Vertrag zwischen dem Volk und den Oberhäuptern, die es sich gibt, beanspruchen, einen Vertrag, durch den zwischen beiden Parteien die Bedingungen festgestellt würden, unter denen sich die eine zum Befehlen, die andere zum Gehorchen verpflichtete. Man wird mir sicherlich zugestehen, dass diese Weise, einen Vertrag abzuschließen, höchst sonderbar wäre. Wir wollen jedoch untersuchen, ob diese Ansicht haltbar ist.

Zunächst kann die höchste Gewalt ebenso wenig geändert wie veräußert werden; ihre Beschränkung wäre ihre Vernichtung. Es ist ungereimt und steht mit sich selbst im Widerspruche, dass das Staatsoberhaupt einen ihm Vorgesetzten ernennen könne; sich verpflichten, einem Herrn zu gehorchen, heißt zur vollen Freiheit zurückkehren.

Ferner liegt es auf der Hand, dass ein Vertrag zwischen dem Volk und dieser oder jener Persönlichkeit nur ein Privatakt sein würde; daraus folgt, dass dieser Vertrag ebenso wenig Gesetz wie eine Ausübung der Oberherrlichkeit sein könnte, und mithin ungesetzlich wäre.

Endlich sieht man ein, dass die beiden verhandelnden Teile in ihrem Verhältnis zueinander nur unter dem Naturgesetz stehen würden, und kein Bürge für ihre gegenseitigen Verpflichtungen eintreten könnte, was in jeder Hinsicht dem staatsbürgerlichen Zustand widerstreitet. Da von dem, der die Gewalt in Händen hat, auch allein die Erfüllung seiner Verbindlichkeit abhängt, so würde man es ebenso gut einen Vertrag nennen können, wenn jemand zu einem anderen sagte: »Ich gebe dir mein ganzes Vermögen unter der Bedingung, dass du mir so viel wiedergibst, wie dir beliebt.«

Im Staat kann es nur einen Vertrag geben, und zwar die gesellschaftliche Vereinigung; schon dieser allein schließt jeden anderen aus. Kein öffentlicher Vertrag ist denkbar, in dem nicht eine Verletzung des ersten läge.

17. KAPITEL
Einsetzung der Regierung

Wie muss man denn nun den Akt, durch den die Regierung eingesetzt wird, auffassen? Ich will zunächst bemerken, dass es ein zusammengesetzter oder aus zwei anderen bestehender Akt ist, und zwar aus der Einführung und Vollziehung des Gesetzes.

Durch die Erste beschließt das Staatsoberhaupt, dass ein Regierungskörper unter dieser oder jener Form eingeführt werden soll, und dieser Akt ist offenbar ein Gesetz.

Durch die Zweite ernennt das Volk die Oberhäupter, die mit der nun festgesetzten Regierung betraut werden sollen. Da diese Ernennung nur ein sich auf Einzelne beziehender Akt ist, so ist er kein zweites Gesetz, sondern lediglich die Folge des ersten und eine Amtsverrichtung der Regierung.

Die Schwierigkeit liegt darin, sich darüber klar zu werden, wie von einem Regierungsakt die Rede sein kann, ehe die Regierung besteht, und wie das Volk, das nur Staatsoberhaupt oder Untertan ist, unter gewissen Umständen Fürst oder Obrigkeit werden kann.

Hier enthüllt sich wieder eine jener wunderbaren Eigenschaften des politischen Körpers, die ihn befähigt, scheinbar sich widersprechende Wirkungen in Übereinstimmung zu bringen, denn sie zeigt sich in einer plötzlichen Verwandlung der Oberherrlichkeit in Demokratie, sodass ohne eine wahrnehmbare Veränderung und lediglich durch ein neues Verhältnis aller zu allen die zu obrigkeitlichen Personen gewordenen Staatsbürger von allgemeinen Beschlüssen zu besonderen, vom Gesetz zur Vollstreckung übergehen.

Dieser Wandel der Verhältnisse ist nicht etwa eine spekulative Spitzfindigkeit, die in der Praxis beispiellos dastände. Täglich kommt sie im englischen Parlament vor, wo sich bei gewissen Gelegenheiten das Unterhaus in einen einzigen Ausschuss verwandelt, um die Staatsangelegenheiten gründlicher zu beraten, und auf diese Weise wird aus einer oberherrlichen Behörde, die sie noch den Augenblick vorher war, eine einfache Ausschuss-Sitzung. So legt es sich selbst, als dem Haus der Gemeinen, Rechenschaft von dem ab, was es als allgemeiner Ausschuss beschlossen hat, und beratschlagt in der Ausübung des einen Amtes das von Neuem, was es in der eines anderen bereits beschlossen hat.

Der eigentümliche Vorzug der demokratischen Regierung besteht also darin, dass sie im Grunde durch bloßen Beschluss des allgemeinen Willens eingeführt werden kann. Dann bleibt diese einstweilige Regierung bestehen, wenn sie die angenommene Form hat, oder sie setzt im Namen des Staatsoberhauptes die gesetzlich vorgeschriebene Regierung ein, und alles befindet sich dann in der Ordnung. Es ist unmöglich, die Regierung auf irgendeine andere Weise gesetzmäßig und ohne Verzicht auf die bisher aufgestellten Grundsätze einzusetzen.

18. KAPITEL

Mittel, den Usurpationen der Regierungen vorzubeugen

Zur Bestätigung der im sechzehnten Kapitel aufgestellten Behauptungen geht aus diesen Erläuterungen klar hervor, dass der Akt der Regierungseinsetzung kein Vertrag, sondern ein Gesetz ist, dass die Träger der vollziehenden Gewalt nicht die Herren, sondern die Diener des Volkes sind, die es, sobald es ihm beliebt, ein- und absetzen kann; dass es sich also in Bezug auf sie nicht um den Abschluss eines Vertrages, sondern nur um Gehorchen handelt, und dass sie durch Übernahme der ihnen vom Staat übertragenen Geschäfte nur ihre Pflicht als Bürger erfüllen, ohne irgendwie berechtigt zu sein, über die Bedingungen zu streiten.

Sollte es also geschehen, dass das Volk eine erbliche Regierung, sei es eine monarchische in einer einzigen Familie, oder eine aristokratische in einer Klasse der Staatsbürger einführte, so übernimmt es dadurch keinerlei Verpflichtung, es gibt der Verwaltung nur eine vorläufige Form, bis es ihm beliebt, eine andere einzurichten.

Dergleichen Veränderungen sind allerdings stets gefährlich, und an der einmal bestehenden Regierungsform sollte niemals gerüttelt werden, bis sie mit dem Gemeinwohl unvereinbar wird. Diese Vorsicht ist indessen nur eine Regel der Staatsklugheit und keineswegs eine Vorschrift des Rechtes, und der Staat ist ebenso wenig verpflichtet, seinen Oberhäuptern die staatsbürgerliche Gewalt zu lassen, wie seinen Feldherren die Kriegsmacht.

Ferner unterliegt es keinem Zweifel, dass man in einem solchen Fall nicht sorgfältig genug alle gebotenen Förmlichkeiten beobachten kann, um den Unterschied zwischen einer ordnungsmäßigen, gesetzlichen Handlung und einer aufrührerischen Empörung, zwischen dem Willen eines ganzen Volkes und dem Geschrei einer Partei hervorzuheben. Hier namentlich darf man der widerwärtigen Sache nicht mehr einräumen, als was man ihr nach der ganzen Strenge des Rechtes nicht versagen kann, und eben aus dieser unerlässlichen Pflicht schöpft der Fürst einen wesentlichen Vorteil, um seine Gewalt auch wider den Willen des Volkes zu behaupten, ohne dass man sie für eine Usurpation ausgeben könnte; denn unter dem Anscheine, nur von seinen Rechten Gebrauch zu machen, wird es ihm sehr leicht, sie auszudehnen, und unter dem Vorwand der öffentlichen Ruhe die zur Wiederherstellung der guten Ordnung anberaumten Versammlungen zu verhindern. Er legt ein Stillschweigen, das er zu brechen verwehrt, zu seinem Vorteil aus oder benutzt Unregelmäßigkeiten, zu denen er selbst die Veranlassung gegeben, um das Schweigen der Furcht für Einwilligung erklären und die strafen zu können, die zu reden wagen. Auf diese Weise versuchten die Dezemvirn, die zunächst nur auf ein Jahr erwählt und später für das nächste bestätigt worden waren, ihre Gewalt dadurch für immer zu behalten, dass sie den Komitien nicht mehr gestatteten, sich zu versammeln; und durch das gleiche leichte Mittel reißen alle einmal mit der öffentlichen Gewalt betrauten Regierungen die oberherrliche Gewalt früher oder später an sich.

Die von mir oben erwähnten regelmäßig wiederkehrenden Versammlungen sind am besten geeignet, diesem Unglück vorzubeugen oder es doch zu verzögern, zumal wenn es nicht erst einer förmlichen Berufung dazu bedarf; denn alsdann vermag sie der Fürst nicht zu verhindern, ohne sich offenbar für einen Gesetzesübertreter und Staatsfeind zu erklären.

Diese Versammlungen, die lediglich die Aufrechterhaltung des Gesellschaftsvertrages zum Gegenstand haben, müssen regelmäßig durch zwei Anträge eingeleitet werden, die nie weggelassen werden dürften und getrennt voneinander zur Abstimmung kommen müssten:

Erstens: Ist das Staatsoberhaupt damit einverstanden, die gegenwärtige Regierungsform beizubehalten?

Zweitens: Ist das Volk damit einverstanden, die Verwaltung den bisher damit Betrauten auch fernerhin zu lassen?

Hier setze ich voraus, was ich übrigens bewiesen zu haben glaube, dass es im Staat kein Grundgesetz gibt, das nicht, sogar mit Einschluss des Gesellschaftsvertrages, widerrufen werden könnte; denn versammelten sich alle Bürger, um diesen Vertrag einstimmig aufzuheben, so wäre diese Aufhebung unzweifelhaft doch völlig gesetzmäßig. Grotius erklärt sogar unbedenklich, dass jeder dem Staat, dessen Glied er ist, entsagen und unter Auswanderung aus dem Land* seine natürliche Freiheit wie sein Vermögen zurücknehmen könne. Ungereimt würde es nun sein, wenn die Gesamtheit aller Bürger das nicht tun dürfte, wozu jeder Einzelne berechtigt ist.

* Wohl verstanden, wenn man das Land nicht verlässt, um seine Pflicht zu umgehen, und sich nicht in dem Augenblick dem Dienst an seinem Vaterland entzieht, da es unserer bedarf. Alsdann wäre die Flucht verbrecherisch und strafbar, das wäre keine erlaubte Entfernung, sondern Fahnenflucht.

VIERTES BUCH

1. KAPITEL

Der allgemeine Wille ist unzerstörbar

Solange mehrere vereinigte Menschen sich als einen einzigen Körper betrachten, haben sie nur einen einzigen Willen, der die gemeinsame Erhaltung und die allgemeine Wohlfahrt zum Gegenstand hat. Dann sind alle Triebfedern des Staates kräftig und einfach, und seine Grundsätze klar und deutlich; er hat keine verwickelten, einander widersprechenden Interessen; das Gemeinwohl tritt überall sichtlich hervor, und es bedarf nur gesunder Vernunft, um es wahrzunehmen. Friede, Einigkeit und Gleichheit sind Feindinnen politischer Spitzfindigkeiten. Aufrichtige und einfache Menschen sind gerade ihrer Einfachheit wegen schwer hinter das Licht zu führen; für Betrügereien und bestechende Vorspiegelungen sind sie nicht empfänglich; sie sind nicht einmal fein genug, um sich überlisten zu lassen. Wenn man sieht, wie bei dem glücklichsten Volk auf Erden Scharen von Landleuten die Staatsangelegenheiten unter einer Eiche entscheiden und dabei stets mit großer Weisheit zu Werke gehen, kann man sich dann wohl erwehren, die Spitzfindigkeiten anderer Völker zu verachten, die sich mit einer solchen Fülle von Kunst und Geheimnistuerei berühmt und elend machen?

Ein auf solche Weise regierter Staat hat nur wenige Gesetze nötig, und je erforderlicher sich der Erlass neuer macht, desto allgemeiner wird auch diese Notwendigkeit anerkannt. Wer sie zuerst vorschlägt, spricht nur aus, was schon alle längst gefühlt, und es ist nicht erst von Kabalen und Beredsamkeitsergüssen die Rede, um etwas Gesetzeskraft zu verleihen, was jeder schon selbst zu tun beschlossen hat, sobald er nur sicher wäre, dass die anderen seinem Beispiel folgen würden.

Was die Schwätzer namentlich täuscht, ist der Umstand, dass sie es bei dem alleinigen Anblick solcher Staaten, die von ihrem Entstehen an eine schlechte Verfassung hatten, für unmöglich halten, eine ähnliche Staatsordnung beizubehalten. Sie ergötzen sich damit, allerlei Dummheiten ausfindig zu machen, die ein gewandter Schurke, ein einschmeichelnder Redner etwa dem Pariser oder Londoner Pöbel vorreden könnte. Sie wissen nicht, dass Cromwell von den Bernern ins Irrenhaus gesperrt und der Herzog von Beaufort von den Genfern öffentlich ausgepeitscht worden wäre.

Sobald aber das gesellschaftliche Band zu erschlaffen und der Staat schwach zu werden beginnt; sobald die Privatinteressen sich immer mehr geltend zu machen und die kleinen Gesellschaften auf die große einzuwirken anfangen: Dann leidet das gemeinsame Interesse und findet Gegner; es herrscht keine Einstimmigkeit mehr; der allgemeine Wille ist nicht mehr der Wille aller; es erheben sich Widersprüche und Streitigkeiten, und die beste Ansicht wird nicht ohne lebhafte Wortgefechte angenommen.

Kurz, besteht der seinem Untergang nahe Staat nur noch durch eine illusorische und nichtige Form; ist das gesellschaftliche Band in allen Herzen zerrissen; trägt der schnödeste Eigennutz schamlos den heiligen Namen des öffentlichen Wohles zur Schau: dann verstummt der allgemeine Wille; von geheimen Beweggründen geleitet stimmen alle dann so wenig staatsbürgerlich, als hätte es nie einen Staat gegeben, und unter dem Namen von Gesetzen bringt man fälschlicherweise unbillige Verordnungen zur Geltung, die nur das Privatinteresse bezwecken.

Folgt etwa daraus, dass der allgemeine Wille vernichtet oder verfälscht sei? Nein, er ist noch immer der gleiche, unwandelbar und lauter; allein er ist anderen untergeordnet, die ihn überwiegen. Jeder, der sein Interesse von dem allgemeinen loslöst, sieht doch sehr wohl ein, dass er nicht imstande ist, es völlig davon zu trennen; aber sein Anteil an dem öffentlichen Elend scheint ihm im Hinblick auf das ausschließliche Heil, das er sich anzueignen gedenkt, gering und wie nichts. Von diesem erstrebten Heil abgesehen, will er schon um seines eigenen Vorteils willen das allgemeine Beste ebenso eifrig wie irgendein anderer. Sogar wenn er seine Stimme für Geld verkauft, vernichtet er den allgemeinen Willen nicht in sich; er umgeht ihn nur. Der Fehler, den er begeht, besteht in der Änderung der Fragestellung; er antwortet auf etwas ganz anderes, als er gefragt ist. Anstatt durch Abgabe seiner Stimme zu sagen: »Es ist dem Staat vorteilhaft«, sagt er: »Es ist diesem oder jenem Mann, dieser oder jener Partei vorteilhaft, dass dieser oder jener Antrag durchgeht.« Auf diese Weise erfordert das Gesetz der allgemeinen Ordnung in den allgemeinen Versammlungen nicht sowohl die Aufrechterhaltung des allgemeinen Willens als vielmehr die Fürsorge, dass er stets gefragt werde und stets wirklich antworte.

Hier ließen sich noch allerlei Betrachtungen über das einfache Recht anstellen, bei jedem oberherrlichen Akt seine Stimme abzugeben, ein Recht, das den Staatsbürgern aus keiner Rücksicht entzogen werden darf, sowie über das Recht, Anträge zu stellen, Verbesserungen vorzuschlagen, Einteilungen vorzunehmen, zu verhandeln, lauter Rechte, die die Regierung immer nur ihren Mitgliedern zu überlassen bestrebt war; aber dieser wichtige Gegenstand würde eine besondere Abhandlung erfordern, und in diesem Werk vermag ich nicht alles zu sagen.

2. KAPITEL

Von den Abstimmungen

Das vorhergehende Kapitel lehrt, dass die Behandlungsweise der öffentlichen Angelegenheiten ein ziemlich sicheres Kennzeichen von dem herrschenden Sittenzustand und der Gesundheit des politischen Körpers abgeben kann. Je größere Übereinstimmung in den Versammlungen herrscht, das heißt, je mehr sich die gefassten Beschlüsse der Einstimmigkeit nähern, desto größere Herrschaft gewinnt auch der allgemeine Wille, während langdauernde Wortgefechte, Uneinigkeiten und Lärmen das Wachsen der Privatinteressen und das Sinken des Staates anzeigen.

Dies tritt weniger deutlich hervor, wenn die Verfassung zwei oder mehrere Stände anerkennt, wie zu Rom die Patrizier und Plebejer, deren Streitigkeiten, selbst in den schönsten Zeiten der Republik, die Komitien oft störten. Allein diese Ausnahme ist mehr scheinbar als wirklich; denn infolge der dem politischen Körper anhaftenden Unvollkommenheit gibt es alsdann gleichsam zwei Staaten in einem; was nun von beiden zusammen nicht gilt, gilt doch von jedem für sich allein. Und in der Tat gingen selbst in den stürmischsten Zeiten die Volksbeschlüsse, sobald sich der Senat nicht hineinmischte, stets ruhig und mit großer Stimmenmehrheit durch; da die Staatsbürger nur ein Interesse hatten, so hatte das Volk nur einen Willen.

Dieselbe Einmütigkeit zeigt sich wieder am entgegengesetzten Ende des Zirkels, sobald die zur Sklaverei hinabgesunkenen Staatsbürger der Freiheit und des Willens beraubt sind. Alsdann verwandeln Furcht und Schmeichelei die Stimmabgabe in Beifallsgeschrei; man beratschlagt nicht mehr, man vergöttert oder verflucht nur noch. Auf so schändliche Weise stimmte der Senat unter den Kaisern ab; bisweilen beobachtete er dabei eine lächerliche Vorsicht. Tacitus* ist es nicht entgangen, dass zur Zeit des Kaisers Otho die Senatoren, während sie Vitellius mit Verwünschungen überhäuften, sich zugleich einen furchtbaren Lärm zu erheben bemühten, damit Vitellius, wenn er vielleicht doch die Herrschaft an sich risse, nicht wissen könnte, was jeder von ihnen gesagt hätte.

Aus diesen verschiedenen Betrachtungen gehen nun die Grundsätze hervor, nach denen man die Zählung der Stimmen wie die Vergleichung der Meinungen festzusetzen hat, je nachdem sich der allgemeine Wille mehr oder weniger leicht erkennen lässt und sich der Staat mehr oder weniger dem Verfall zuneigt.

Es gibt nur ein einziges Gesetz, das seiner Natur nach eine einstimmige Genehmigung verlangt, der Gesellschaftsvertrag, denn die staatsbürgerliche Vereinigung ist die freiwilligste Handlung von der Welt. Da jeder Mensch von Geburt frei und sein eigener Herr ist, so kann ihn sich niemand, unter welchem Vorwand es auch sein möge, ohne seine Einwilligung unterwerfen. Entscheiden, dass der Sohn eines Sklaven als Sklave geboren werde, heißt entscheiden, dass er nicht als Mensch geboren werde.

Wenn demnach bei Gründung des Gesellschaftsvertrages einige Widerspruch erheben, so macht ihre Meinung ihn nicht ungültig, sondern schließt die Gegner nur von ihm aus; sie gelten unter den Staatsbürgern als Fremde. Nach vollzogener Bil-

* Hist. I, 85

dung des Staates bedingt der Aufenthalt in ihm die Einwilligung; in dem Gebiet wohnen heißt, sich der Oberherrlichkeit unterwerfen.*

Außer diesem ursprünglichen Vertrag legt die Stimme der Mehrheit allen übrigen immer Verpflichtungen auf: Dies ist eine unmittelbare Folge des Vertrages selbst. Man wird jedoch die Frage aufwerfen: Wie kann ein Mensch frei sein und doch gezwungen, sich Willensmeinungen zu fügen, die nicht die seinigen sind? Wie können die Widerspruch Erhebenden frei und zugleich Gesetzen unterworfen sein, denen sie nicht zugestimmt haben?

Ich antworte darauf, dass die Frage schlecht gestellt ist. Der Staatsbürger gibt zu allen Gesetzen seine Einwilligung, sogar zu denen, die wider seinen Willen gefasst werden, ja er nimmt auch die an, die ihn strafen, falls er es wagen sollte, eines derselben zu übertreten. Der beständig in Kraft bleibende Wille aller Staatsglieder ist der allgemeine Wille; durch ihn sind sie erst Staatsbürger und frei.** Bei einem Gesetzesvorschlag in der Volksversammlung handelt es sich eigentlich nicht um die Annahme oder Verwerfung desselben, sondern ob er mit dem allgemeinen Wil-

* Selbstverständlich ist hier nur von einem freien Zustand die Rede, denn sonst können auch Familie, Landgüter, Mangel an einem Zufluchtsort, Notwendigkeit, Gewalt usw. einen Einwohner wider seinen Willen im Land zurückhalten, und in diesem Fall setzt sein bloßer Aufenthalt nicht seine Einwilligung zu dem Vertrag oder seine Verlegung desselben voraus.

** In Genua liest man über den Gefängnistüren und auf den Ketten der Galeerensklaven das Wort *Libertas*, jedenfalls eine schöne und richtige Anwendung des Wahlspruchs dieser Republik. In Wahrheit sind es in allen Staaten nur die Übeltäter, welche den Bürger hindern, frei zu sein. In einem Land, wo dergleichen Leute sämtlich auf den Galeeren wären, würde man die vollkommene Freiheit genießen.

len, der der der abstimmenden Bürger ist, in Einklang stehe. Jeder spricht durch seine Stimmabgabe seine Ansicht darüber aus, und aus der Berechnung der Stimmen geht die Darlegung des allgemeinen Willens hervor. Wenn mithin meine Ansicht der entgegengesetzten unterliegt, so beweist dies nichts anderes als dass ich mich geirrt hatte, und dasjenige, was ich für den allgemeinen Willen hielt, es nicht war. Hätte meine Einzelstimme die Oberhand gewonnen, so hätte ich etwas ganz anderes getan als ich gewollt; gerade dann wäre ich nicht frei gewesen.

Hierin liegt allerdings die Voraussetzung, dass die Stimmenmehrheit noch alle charakteristischen Kennzeichen des allgemeinen Willens an sich trägt. Sind diese im Schwinden begriffen, so gibt es keine Freiheit mehr, welcher Partei man sich auch anschließen möge.

Als ich oben den Nachweis führte, wie man in den öffentlichen Beratschlagungen den Willen Einzelner an die Stelle des allgemeinen Willens setzen könnte, habe ich auch ausführlich die wirksamsten Mittel angegeben, diesem Missbrauch vorzubeugen; ich werde später noch mehr darüber sagen. In gleicher Weise habe ich auf die Grundsätze hingewiesen, nach denen die verhältnismäßige Stimmenzahl festzusetzen ist, aus der sich der allgemeine Wille ergibt. Der Unterschied einer einzigen Stimme vernichtet die Gleichheit, ein einziger Gegner die Einmütigkeit, aber zwischen Einmütigkeit und Gleichheit gibt es mehrere ungleiche Teile, deren Anzahl jedes Mal von der Lage und den Bedürfnissen des politischen Körpers abhängt.

Zwei allgemeine Grundsätze können zur Regelung dieser Verhältnisse dienen. Der erste lautet: Je wichtiger und ernster die Beschlüsse sind, eine desto größere Stimmenmehrheit verlangt die siegreich hervorgegangene Ansicht. Und der zweite: Je größere Beschleunigung die zur Beratung gelangte Angelegenheit erfordert, desto mehr muss man die bei Teilung der Stimmen vorgeschriebene Unterscheidung beschränken; bei augenblicklich zu treffenden Entscheidungen muss schon die Mehrheit einer einzigen Stimme genügen. Ersterer entspricht offenbar mehr der gesetzlichen, Letzterer mehr der geschäftlichen Seite. Wie man aber auch sonst darüber denken möge, sicherlich gehen aus der Verbindung beider die besten Verhältnisse hervor, die sich für die Feststellung der Stimmenmehrheit finden lassen.

3. KAPITEL
Von den Wahlen

Die Wahlen des Fürsten und der Obrigkeiten, die, wie bereits gesagt, zusammengesetzte Akte sind, lassen eine doppelte Verfahrensweise zu, und zwar eine eigentliche Wahl oder die Entscheidung durch das Los. Beide haben in verschiedenen Republiken Anwendung gefunden, und noch gegenwärtig sieht man ein sehr verworrenes Gemisch von beiden bei der Wahl des Dogen von Venedig.

»Die Entscheidung durch das Los«, sagt Montesquieu (Geist der Gesetze, zweites Buch, Kap. II), »entspricht dem Wesen der Demokratie«. Ich will es gern zugeben, aber weshalb? »Das Losen«, fährt er fort, »ist eine Art zu wählen, die niemanden verletzt; es lässt jedem Staatsbürger eine vernünftige Hoffnung, seinem Vaterland zu dienen.« Das sind aber keine Gründe.

Wenn man berücksichtigt, dass die Wahl der Oberhäupter der Regierung und nicht dem Staatsoberhaupt zukommt, so begreift man, weshalb die Entscheidung durch das Los mehr in dem Wesen der Demokratie liegt, deren Verwaltung umso besser ist, je weniger Verrichtungen sie nötig hat.

In jeder wahren Demokratie ist eine obrigkeitliche Würde kein Vorteil, sondern eine drückende Last, mit der billigerweise der eine nicht mehr als der andere beschwert werden darf. Das Gesetz allein darf sie dem auferlegen, auf den das Los fällt. Denn da sich hierbei alle in gleicher Lage befinden und die Wahl von keinem menschlichen Willen abhängt, so kann auch keine besondere Beeinflussung stattfinden, worunter die Allgemeinheit des Gesetzes leiden würde.

In der Aristokratie wählt der Fürst den Fürsten, die Regierung erhält sich durch sich selbst, und hier ist deshalb die Abstimmung ganz am Platz.

Das Beispiel der Wahl des Dogen von Venedig spricht nicht gegen diesen Unterschied, sondern bestätigt ihn vielmehr; diese verwickelte Form ist einer gemischten Regierung ganz angemessen. Denn man täuscht sich, wenn man die Regierung von Venedig für eine wirkliche Aristokratie hält. Wenn das Volk dort keinen Anteil an der Regierung hat, so ist dafür der Adel selbst das Volk. Viele arme Edelleute erlangen nie ein obrigkeitliches Amt und haben von ihrem Adel nichts als den leeren Titel Exzellenz sowie das Recht, dem Großen Rat beizuwohnen. Da dieser Große Rat ebenso zahlreich ist wie unser allgemeiner Rat zu Genf, so haben seine erlauchten Mitglieder nicht mehr Vorrechte als unsere bloßen Bürger. Abgesehen von der außerordentlich großen Ungleichheit beider Republiken, ist doch so viel unzweifelhaft, dass die Genfer Bürgerschaft *(bourgeoisie)* ein treues Abbild der venezianischen Patrizier ist, unsere eingeborene Bevölkerung das der venezianischen und unsere

Bauernschaft das der dortigen Untertanen auf dem festen Land; kurz, wie man jene Republik auch betrachten möge, so ist, von ihrer Größe abgesehen, ihre Regierung nicht aristokratischer als die unsrige. Der ganze Unterschied besteht darin, dass wir die Wahl durch das Los nicht nötig haben, weil bei uns kein Oberhaupt auf Lebenszeit gewählt wird.

In einer wahren Demokratie würde die Erwählung durch das Los wenig Schwierigkeiten bieten. Da in ihr sowohl in Bezug auf Sitten und Talente als auch auf Grundsätze und Vermögensverhältnisse die vollkommenste Gleichheit herrschte, so würde der Ausfall der Wahl ziemlich gleichgültig sein. Aber wie bereits gesagt, hat es noch nie eine wahre Demokratie gegeben.

Wenn Wahl und Los gemischt angewandt werden, so muss Erstere für solche Stellen vorbehalten bleiben, die besondere Gaben verlangen, wie für militärische Dienstleistungen; die Entscheidung durch das Los eignet sich dagegen bei denjenigen Stellen, für die gesunde Vernunft, Gerechtigkeitssinn und Unbescholtenheit hinreichen, wie bei richterlichen Ämtern, weil diese Eigenschaften in einem Staat mit guter Verfassung Gemeingut aller Bürger sind.

Unter einer monarchischen Regierung ist weder Los noch Abstimmung am Platz. Da der Monarch von Rechts wegen der einzige Fürst und die alleinige Obrigkeit ist, so liegt ihm die Ernennung seiner Stellvertreter ob. Als der Abt von Saint-Pierre den Vorschlag machte, in Frankreich die königlichen Räte zu vermehren und durch Abstimmung zu ernennen, war er sich darüber nicht klar, dass er damit eine Änderung der Regierungsform vorschlug.

Jetzt bliebe mir noch übrig, über die Art der Abgabe und Sammlung der Stimmen in der Volksversammlung zu reden, allein vielleicht wird die geschichtliche Entwicklung der römischen Staatsverwaltung in dieser Hinsicht die Grundsätze, die ich darüber aufstellen könnte, weit deutlicher darlegen. Es lohnt sich für einen einsichtsvollen Leser, etwas ausführlicher zu erfahren, wie die Staats- und Privatangelegenheiten in einer Versammlung von zweihunderttausend Menschen ihre Erledigung fanden.

4. KAPITEL
Von den römischen Komitien

Aus den ältesten Zeiten Roms besitzen wir keine ganz sicheren Denkmäler; es hat sogar einen hohen Grad von Wahrscheinlichkeit, dass das meiste, was davon erzählt wird, dem Fabelreich angehört,* und gewöhnlich fehlt uns gerade der lehrreichste Teil der Annalen der Völker, die Geschichte ihrer Entstehung, fast ganz. Täglich lehrt uns die Erfahrung, aus welchen Ursachen die Revolutionen der Staaten entstehen; da sich jedoch keine Völker mehr bilden, so können wir über die Art ihrer Entstehung nur Mutmaßungen hegen.

Die Gebräuche, die man eingeführt findet, legen wenigstens Zeugnis dafür ab, dass sie einen Ursprung gehabt haben. Von den Überlieferungen, die auf diese Urquellen zurückführen, müssen diejenigen als die sichersten betrachtet werden, die die

* Das Wort Rom, welches von Romulus hergeleitet wird, stammt aus dem Griechischen und bedeutet Stärke *(ῥώμη)*, und der Name *Numa* kommt wahrscheinlich ebenfalls aus dem Griechischen und lässt sich mit Gesetz *(νόμος)* übersetzen. Wie unwahrscheinlich, dass die beiden ersten Könige dieser Stadt schon im Voraus Namen führten, welche ihren Taten so genau entsprachen.

meiste Gewähr und die stärksten Gründe für sich haben. Diesen Grundsatz habe ich mich zu befolgen bemüht, indem ich untersuchte, wie das freieste und mächtigste Volk der Erde seine höchste Gewalt ausübte.

Nach der Erbauung Roms wurde die sich bildende Republik, und zwar das Heer des Erbauers, das aus Albanern, Sabinern und Fremden bestand, in drei Klassen geteilt, die nach dieser Einteilung den Namen Tribus erhielten. Jede Tribus wurde wieder in zehn Kurien und jede Kurie in Dekurien geteilt, denen man Kurionen und Dekurionen genannte Oberhäupter an die Spitze stellte.

Außerdem hob man aus jeder Tribus eine Schar von hundert Reitern oder Rittern, die den Namen Zenturie trugen, aus, woraus ersichtlich ist, dass diese für einen noch bloßen Flecken kaum notwendigen Einteilungen zuerst lediglich militärischer Natur waren. Allein eine Ahnung ihrer zukünftigen Größe scheint die kleine Stadt dahin gebracht zu haben, sich schon im Voraus eine der Welthauptstadt ziemende Verfassung zu geben.

Diese erste Teilung hatte jedoch bald einen Übelstand zur Folge. Während die Tribus der Albaner *(Ramnenses)* und die der Sabiner *(Tatientes)* stets auf derselben Stufe verharrten, nahm die der Fremden *(Luceres)* durch das beständige Zuströmen neuer Ansiedler unaufhörlich zu, sodass Letztere endlich die beiden anderen zusammengenommen überflügelte. Diesem gefährlichen Missverhältnis trat Servius Tullius durch eine veränderte Einteilung entgegen, indem er nach Abschaffung der Stammeseinteilung eine andere nach den Stadtteilen, die jede Tribus bewohnte, einführte. Aus den bisherigen drei Tribus bildete er deren vier, deren jede einen der römischen Hügel einnahm und nach ihm den Namen führte. Indem er so der bestehenden Ungleichheit abhalf, beugte er auch noch für die Zukunft jeder anderen vor; und damit diese Einteilung nicht bloß für die Stadtteile, sondern auch für die Menschen gültig wäre, verbot er den Einwohnern, aus einem Stadtviertel in ein anderes zu ziehen, was eine Vermischung der einzelnen Stämme unmöglich machte.

Ferner verdoppelte er die drei alten Zenturien der Ritter und fügte deren zwölf neue, aber immer unter den alten Namen, hinzu, ein einfacher und kluger Ausweg, durch den er endgültig einen Unterschied zwischen dem Ritterstand und der großen Volksmasse festsetzte, ohne Letztere in Aufregung zu versetzen.

Zu den vier städtischen Tribus fügte Servius noch fünfzehn andere hinzu, die ländliche Tribus genannt wurden, weil sie aus den Bewohnern des in ebenso viele Bezirke eingeteilten Landes gebildet waren. In der Folge traten noch ebenso viel neue hinzu und schließlich zerfiel das römische Volk in fünfunddreißig Tribus, die auch bis zum Ende der Republik beibehalten wurden.

Aus dieser Unterscheidung zwischen städtischen und ländlichen Tribus ging eine beachtenswerte Wirkung hervor, weil sie beispiellos dasteht und Rom ihr nicht nur die Erhaltung seiner Sitten, sondern auch die Zunahme seiner Macht verdankt. Man sollte meinen, die städtischen Tribus würden sich Macht und Ehre bald allein angemaßt und nicht gesäumt haben, die ländlichen herabzuwürdigen: Das Gegenteil trat ein. Man weiß, wie sehr die alten Römer das Landleben liebten. Zu dieser Vorliebe für dasselbe hatte sie jener weise Gesetzgeber erzogen, der die ländlichen Arbeiten und die kriegerischen Übungen auf das engste mit der Freiheit verband und Künste, Gewerbe, Ränke, Reichtum und Sklaverei gleichsam in die Stadt verbannte.

Auf diese Weise gewöhnte man sich, da alle berühmten Männer Roms auf dem Land lebten und das Feld bestellten, nur hier die Stützen der Republik zu suchen. Der Stand der Landleute, zu dem die würdigsten Patrizier gerechnet wurden, stand in allgemeiner Achtung. Ihr einfaches und arbeitsames Leben fand vor dem müßigen und weichlichen Leben der Städter den Vorzug, und mancher, der in Rom nur ein unglücklicher Proletarier gewesen wäre, wurde als Landmann zu einem geachteten Bürger. Nicht ohne Grund, sagte Varro, errichteten unsere hochherzigen Vorfahren auf dem Land die Pflanzschule jener kräftigen und heldenmütigen Männer, die im Krieg sie verteidigten und im Frieden ernährten. Plinius erklärt ganz bestimmt, dass die ländlichen Tribus wegen der zu ihnen gehörenden Männer geehrt wurden, während man die Feiglinge, die man herabwürdigen wollte, zum Schimpf in die städtischen verwies. Als sich der Sabiner Appius Claudius in Rom niederlassen wollte, wurde er mit Ehrenerweisungen überhäuft und in eine ländliche Tribus eingeschrieben, die in der Folge den Namen seiner Familie annahm. Endlich traten auch die Freigelassenen sämtlich in die städtischen und nie in die ländlichen Tribus ein, während der ganzen Dauer der Republik kam kein Beispiel vor, dass irgendein Freigelassener, selbst wenn er römischer Bürger geworden, zu einer obrigkeitlichen Würde gelangt wäre.

Dieser Grundsatz war vortrefflich, wurde aber so weit getrieben, dass mit der Zeit eine Änderung und sicherlich eine missbräuchliche in der Verfassung hervorging.

Erstens gestatteten die Zensoren, nachdem sie sich schon längst das Recht einer willkürlichen Versetzung der Bürger aus einer Tribus in die andere angemaßt hatten, den meisten, sich in jede beliebige einschreiben zu lassen. Dieses Verfahren führte sicherlich zu nichts Gutem und raubte der Zensur nur eine ihrer wesentlichen Triebfedern. Dazu trat noch ein anderer Umstand. Da sich die Großen und Mächtigen sämtlich in die Landtribus einschreiben ließen, während die Freigelassenen, die Bürger geworden waren, mit der großen Volksmasse in den städtischen blieben, so hatten die Tribus überhaupt keinen festen Ort und kein festes Gebiet mehr, sondern waren alle derartig vermischt, dass man die Mitglieder einer jeden nur nach den Listen zu bestimmen vermochte, sodass der Begriff des Wortes Tribus vom Sächlichen auf das Persönliche überging oder vielmehr fast zu einem Trugbild wurde.

Es kam ferner vor, dass die städtischen Tribus, da sie ja näher lagen, in den Komitien zahlreicher vertreten waren und den Staat jedem verkauften, der sich herbeiließ, die Stimmen des sie bildenden Pöbels zu erkaufen.

Da jede Tribus von dem Gründer wieder in zehn Kurien eingeteilt war, so zerfiel das ganze damals noch innerhalb der Stadtmauern eingeschlossene römische Volk in dreißig Kurien, deren jede ihre eigenen Tempel, Götter, Beamte, Priester und Feste, die sogenannten *compitalia* hatte, die sich mit den späteren *paganalia* der ländlichen Tribus vergleichen lassen.

Da sich bei der neuen Einteilung unter Servius Tullius die Zahl dreißig nicht gleichmäßig unter den von ihm eingeführten vier Tribus verteilen ließ und er keine Änderung vornehmen wollte, so wurden die Kurien von den Tribus unabhängig, eine besondere Einteilung der Bewohner Roms, während es bei den ländlichen Tribus und dem sie bildenden Volk überhaupt keine Kurien gab, weil die Tribus lediglich zu einer bürgerlichen Anstalt geworden und eine andere Aushebungsart eingeführt war, was die militärischen Einteilungen des Romulus überflüssig machte. Wenn deshalb auch jeder Bürger in einer Tribus eingeschrieben war, so gehörte doch nicht jeder zu einer Kurie.

Servius Tullius machte noch eine dritte Einteilung, die mit den beiden vorgehenden in keinerlei Beziehung stand und in ihren Wirkungen die wichtigste von allen wurde. Er teilte das ganze römische Volk in sechs Klassen, die sich weder nach der Abstammung noch nach der Verwandtschaft, sondern nach dem Vermögen richteten, sodass die ersten Klassen die Reichen, die letzten die Armen und die mittleren diejenigen umfassten, die sich nur eines bescheidenen Vermögens zu erfreuen hatten. Diese sechs Klassen zerfielen wieder in einhundertdreiundzwanzig Unterabteilungen, die Zenturien hießen und unter jene derart verteilt waren, dass die erste Klasse allein deren über die Hälfte in sich begriff, während die letzte nur eine einzige Zenturie bildete. Demnach gehörten der Klasse, die die wenigsten Menschen zählte, die meisten Zenturien an, und die ganze letzte Klasse wurde nur als eine Unterabteilung betrachtet, obgleich sie allein mehr als die Hälfte der Einwohner Roms umfasste.

Damit das Volk die Folgen dieser letzten Einrichtung nicht so leicht durchschaute, suchte ihr Servius ein militärisches Äußeres zu geben. In die zweite Klasse fügte er zwei Zenturien von Waffenschmieden und in die vierte zwei von Kriegsbaumeistern ein; in jeder Klasse schied er, mit Ausnahme der letzten, die Jüngeren von den Älteren, das heißt die zum Waffendienst Verpflichteten von den mit Rücksicht auf ihr Alter gesetzlich davon Entbundenen; eine Unterscheidung, die mehr als die des Vermögens eine häufigere Wiederholung des Zensus oder der Volkszählung notwendig machte; endlich bestimmte er, dass die Versammlung auf dem Marsfeld stattfinden sollte, wo alle im dienstfähigen Alter Stehenden mit ihren Waffen zu erscheinen hatten.

Der Grund, weshalb man nicht auch in der letzten Klasse die Einteilung zwischen Jüngeren und Älteren vornahm, lag wohl darin, dass man dem Pöbel, aus dem sie bestand, nicht die Ehre zugestehen wollte, die Waffen für das Vaterland zu tragen; man musste einen eigenen Herd besitzen, um das Recht zu seiner Verteidigung zu erlangen, und unter jenen unzähligen Lumpenkerlen, mit denen heutzutage die Heere der Könige prunken, ist vielleicht nicht ein einziger, der nicht zu jener Zeit, als die Soldaten noch Verteidiger der Freiheit waren, aus einer römischen Kohorte mit Verachtung gejagt worden wäre.

Gleichwohl unterschied man in der letzten Klasse noch die Proletarier von den sogenannten *capite censi*. Erstere, die doch nicht völlig besitzlos waren, brachten dem Staat wenigstens Bürger zu, im Fall dringender Not sogar bisweilen Soldaten. Letztere dagegen, die durchaus nichts besaßen und nur nach Köpfen gezählt werden konnten, wurden als gar nicht vorhanden betrachtet, und Marius war der Erste, der sich herbeiließ, sie anzuwerben.

Ohne hier zu entscheiden, ob diese dritte Einteilung an sich selbst gut oder schlecht war, so glaube ich doch behaupten zu können, dass nur die einfachen Sitten der Römer in der ältesten Zeit, ihre Uneigennützigkeit, ihre Vorliebe für Ackerbau, ihr Widerwille gegen Handel und Gewinnsucht imstande waren, sie ausführbar zu machen. Wo ist heutzutage ein Volk, bei dem die verzehrende Habgier, der unruhige Geist, das Gewebe von Listen, die unaufhörlichen Veränderungen, der beständige Wechsel des Vermögens einer solchen Verfassung auch nur eine zwanzigjährige Dauer gewähren könnten, ohne den ganzen Staat umzustürzen? Auch verdient bemerkt zu werden, dass in Rom die Sitten und die Zensur, die weit größeren Einfluss als diese Einrichtung hatten, die Übelstände einigermaßen milderten, und sich mancher Reiche in die Klasse der Armen verwiesen sah, weil er seinen Reichtum zu auffallend zur Schau gestellte hatte.

Aus diesem allen lässt sich leicht ersehen, weshalb fast immer nur fünf Klassen erwähnt werden, obgleich es wirklich sechs gab. Da die sechste weder Soldaten für das Heer noch Stimmberechtigte für das Marsfeld* lieferte und in der Republik fast gar keine Verwendung fand, so kam sie in der Regel auch wenig in Betracht.

Derart waren die verschiedenen Einteilungen des römischen Volkes. Jetzt wollen wir sehen, welche Wirkung sie in den Versammlungen hervorbrachten. Diese gesetzlich berufenen Versammlungen hießen Komitien; gewöhnlich wurden sie auf dem Forum oder dem Marsfeld abgehalten und zerfielen nach den drei Einteilungsformen, nach denen sie berufen wurden, in Komitien nach Kurien, nach Zenturien und nach Tribus. Die *comitia curiata* waren von Romulus, die *c. centuriata* von Servius Tullius und die *c. tributa* von den Volkstribunen eingeführt worden. Nur in den Komitien erhielt ein Gesetz Bestätigung, konnte eine obrigkeitliche Person gewählt werden; und da es keinen Bürger gab, der nicht in eine Kurie, eine Zenturie oder eine Tribus eingeschrieben war, so folgt daraus, dass kein Bürger von dem Stimmrecht ausgeschlossen, und das römische Volk praktisch und theoretisch wirklich Staatsoberhaupt war.

* Ich sage für das Marsfeld, weil sich dort die Komitien zenturienweise versammelten, nach den beiden anderen Einteilungen versammelte sich das Volk auf dem Forum oder auch anderswo, und in diesem Fall hatten die capite censi ebenso viel Einfluss und Macht wie die ersten Bürger.

Damit die Komitien auf gesetzlichem Weg versammelt wurden und ihre Beschlüsse Gesetzeskraft erhielten, mussten drei Bedingungen erfüllt werden: Erstens musste die obrigkeitliche Behörde oder Person, die sie berief, die dazu nötige Vollmacht besitzen; zweitens musste die Versammlung an einem gesetzlich erlaubten Tag stattfinden, und drittens mussten sich die Auguren günstig ausgesprochen haben.

Der Grund der ersten Vorschrift bedarf keiner weiteren Erläuterung; die zweite ist eine polizeiliche Bestimmung; so war es nicht gestattet, die Komitien an Feier- und Markttagen abzuhalten, an denen die Landleute Geschäfte halber nach Rom kamen und deshalb nicht Zeit hatten, den Tag auf dem Forum zuzubringen. Durch die dritte hielt der Senat ein stolzes und unruhiges Volk in Zügel und mäßigte zu rechter Zeit die Hitze der aufrührerischen Tribunen, wenn dieselben auch mehr als ein Mittel fanden, sich von diesem Zwang zu befreien.

Die Gesetze und die Wahl der Oberen waren nicht die einzigen Gegenstände, die von der Abstimmung der Komitien abhingen. Da das römische Volk die wichtigsten Regierungsgeschäfte an sich gerissen hatte, so kann man dreist behaupten, dass in diesen Versammlungen das Schicksal Europas entschieden wurde. Die Mannigfaltigkeit der Gegenstände, über die sich diese Versammlungen auszusprechen hatten, veranlasste die verschiedenen Formen, die sie annahmen.

Um sich über diese verschiedenen Formen ein richtiges Urteil zu bilden, genügt ein Vergleich derselben. Durch die Gründung der Kurien beabsichtigte Romulus, den Senat durch das Volk und das Volk durch den Senat im Zaum zu halten, während er über alle gleichmäßig herrschte. Durch diese Form gewährte er dem Volk mithin die ganze Macht der Überzahl, um der des Einflusses und des Reichtums, die er den Patriziern ließ, das Gleichgewicht zu halten. Allein trotzdem war der Vorteil, den er den Patriziern ganz im Geist der Monarchie durch den Einfluss ihrer Klienten auf die Mehrheit der Stimmen ließ, ungleich größer. Die bewundernswerte Einführung von Patronen und Klienten war ein Meisterwerk der Politik und Menschlichkeit, ohne die das dem Geist der Republik so völlig widerstreitende Patronat unmöglich hätte von Dauer sein können. Rom allein gebührt die Ehre, der Welt dieses schöne Beispiel gegeben zu haben, aus dem nie ein Missbrauch entstand, und das dessen ungeachtet nie befolgt wurde.

Da die Einteilung in Kurien unter den Königen bis auf Servius Tullius bestanden hatte und die Regierung des letzten Tarquinius nicht als rechtmäßig betrachtet wurde, so bezeichnete man später die von den Königen erlassenen Gesetze unter dem Namen *leges curiatae*.

Da die Kurien auf die vier städtischen Tribus beschränkt waren und zu ihnen nur noch der städtische Pöbel gehörte, so konnten sie zur Zeit der Republik weder dem Senat, der an der Spitze der Patrizier stand, noch den Tribunen gefallen, die, wenn auch Plebejer, doch für die Häupter der wohlhabenden Bürger galten. Sie gerieten deshalb in Verruf; ihre Verachtung war so groß, dass ihre dreißig Liktoren, sobald sie versammelt waren, alles entschieden, was den *comitia curiata* selbst zugestanden hätte.

Die Einteilung nach Zenturien war der Aristokratie so günstig, dass man im ersten Augenblick nicht begreift, wie der Senat aus den diesen Namen führenden Komitien, in denen die Konsuln, die Zensoren und die übrigen kurulischen Würdenträger gewählt wurden, nicht immer siegreich hervorging. Von den einhundertdreiundneunzig Zenturien, die die sechs Klassen des ganzen römischen Volkes bildeten, umfasste die erste in der Tat achtundzwanzig, und da die Stimmen nur zenturienweise gezählt wurden, so überwog schon diese erste Klasse allein alle übrigen an Stimmenzahl. Stimmten ihre sämtlichen Zenturien überein, so unterblieb deshalb jede weitere Einsammlung der Stimmen; was die kleinste Zahl festgesetzt hatte, galt für die Entscheidung der Menge, und man darf wohl behaupten, dass in den *comitiis centuriatis* die Entscheidung der Staatsangelegenheiten in weit höherem Grad von der Mehrheit der Taler als von der Mehrheit der Stimmen ausging.

Aber dieser übertriebene Einfluss wurde durch zwei Mittel abgeschwächt: Erstens befanden sich gewöhnlich die Tribunen und stets viele Plebejer in der Klasse der Reichen und hielten dem Ansehen der Patrizier in dieser ersten Klasse die Waage.

Das zweite Mittel bestand darin, dass man die Zenturien nicht der Reihenfolge nach abstimmen ließ, wobei man den Anfang immer mit der ersten hätte machen müssen, sondern eine durch das Los bestimmte, und diese* schritt dann allein zur Wahl, worauf dann alle übrigen Zenturien auf einen anderen Tag der Reihe nach zusammenberufen wurden, die Wahl wiederholten und gewöhnlich bestätigten. Hierdurch entzog man dem Rang den Einfluss des Beispiels, um ihn nach dem Grundsatz der Demokratie dem Zufall zu überlassen.

Diese Sitte hatte noch einen anderen Vorteil zur Folge, und zwar den Vorteil, dass die auf dem Land wohnenden Bürger zwischen den beiden Wahlen Zeit gewannen, sich nach dem

* Diese durch das Los bestimmte Zenturie wurde *praerogativa* genannt, weil sie die Erste war, die man um ihre Stimme befragte, und daher ist das Wort Prärogative entstanden.

Verdienst des vorläufig ernannten Kandidaten zu erkundigen, damit sie ihre Stimme mit voller Sachkenntnis abgeben konnten. Allein unter dem Vorwand, eine Beschleunigung der Wahlen herbeizuführen, wurde die Aufhebung dieser Sitte durchgesetzt, und beide Wahlen fanden an ein und demselben Tag statt.

Die tribusweise abgehaltenen Komitien waren im recht eigentlichen Sinn die Ratsversammlung des römischen Volkes. Nur von den Tribunen durften sie berufen werden; die Tribunen selbst wurden von ihnen erwählt und ließen über die Volksanträge abstimmen. Der Senat durfte ihnen weder beiwohnen, geschweige denn in ihnen abstimmen. Die Senatoren waren gezwungen, sich Gesetzen zu fügen, über die sie nicht hatten mit abstimmen dürfen, und waren somit in dieser Hinsicht weniger frei als die geringsten Bürger. Diese Ungerechtigkeit ging aus einem höchst bedenklichen Missverständnis hervor und wäre schon allein hinreichend gewesen, die Beschlüsse eines Körpers, an dem nicht alle seine Glieder beteiligt waren, ungültig zu machen. Hätten alle Patrizier nach dem Recht, das sie als Staatsbürger besaßen, diesen Komitien beigewohnt, so würden sie, da sie dadurch einfache Privatleute geworden wären, keinen wesentlichen Einfluss auf die nach Köpfen stattfindende Abstimmung ausgeübt haben, da ja der geringste Proletarier eine ebenso große Macht wie der Vorsitzende des Senates hatte.

Man sieht, also ein, dass außer der Ordnung, die aus diesen verschiedenen Einteilungen zum Zweck der Stimmensammlung unter einem so großen Volk hervorging, diese selbst keineswegs zu gleichgültigen Förmlichkeiten herabsanken, sondern dass jede besondere Wirkungen je nach der Absicht hatte, um derentwillen man ihr den Vorzug gab.

Ohne mich noch ausführlicher darüber zu äußern, ist doch aus den vorhergehenden Erörterungen so viel ersichtlich, dass die Komitien nach Tribus der Volksregierung und die nach Zenturien der Aristokratie günstiger waren. Was nun die Komitien nach Kurien anlangt, in denen ausschließlich der Pöbel Roms die Mehrheit bildete, so mussten sie, weil sie nur zur Begünstigung der Tyrannei und allerlei böser Anschläge dienten, umso mehr in Verruf kommen, als die Aufrührer selbst ein Mittel verschmähten, dass ihre Absichten allzu deutlich verriet. So viel steht fest, dass die volle Majestät des römischen Volkes nur in den Komitien nach Zenturien als den allein vollzähligen vorhanden war, da in den Komitien nach Kurien die ländlichen Tribus und in den Komitien nach Tribus der Senat und die Patrizier fehlten.

Die Stimmeneinsammlung war bei den Römern in der ersten Zeit ebenso einfach wie ihre Sitten, wenn auch nicht ganz so einfach wie in Sparta. Jeder gab seine Stimme laut ab, während ein Schreiber sie der Reihe nach aufschrieb. In jeder Tribus galt die Stimmenmehrheit für das Votum der Tribus, die Stimmenmehrheit innerhalb einzelner Tribus für das Votum des Volkes, und in gleicher Weise wurde bei den Kurien und den Zenturien verfahren. Diese Sitte war gut, solange noch Redlichkeit unter den Staatsbürgern herrschte und jeder sich schämte, öffentlich für eine ungerechte Sache oder einen ungerechten Menschen zu stimmen; als das Volk jedoch verdorben war und man die Stimmung kaufte, zog man geheime Abstimmungen vor, um die Käufer in der Gewalt zu behalten und die Betrüger nicht als Verräter erscheinen zu lassen.

Ich weiß, dass Cicero diese Änderung tadelt und ihr zum Teil den Untergang der Republik zuschreibt. Allein obgleich ich fühle, ein wie großes Gewicht hier der Ausspruch eines Mannes wie Cicero haben muss, so vermag ich seine Ansicht doch nicht zu teilen; ich bin vielmehr überzeugt, dass man das Verderben des Staates gerade dadurch beschleunigte, dass man nicht genug ähnliche Veränderungen vornahm. Wie sich die Lebensordnung gesunder Leute nicht für kranke eignet, so darf man auch ein verdorbenes Volk nicht nach denselben Gesetzen regieren wollen, die für ein noch gesundes Volk angemessen sind. Die Richtigkeit dieses Satzes beweist nichts besser als die Dauer der Republik Venedig, deren Schattenbild noch besteht, und zwar einzig und allein deshalb, weil ihre Gesetze nur für schlechte Menschen bestimmt sind.

Man verteilte also unter die Bürger Täfelchen, auf die jeder sein Votum schreiben konnte, ohne dass ein anderer erfuhr, wie er stimmte; ferner führte man behufs Einsammlung der Täfelchen, Zählung der Stimmen, Vergleichung der Wahlresultate usw. neue gesetzliche Formen ein, was durchaus nicht verhinderte, dass auf die Treue der mit diesen Geschäften betrauten Beamten* oft Verdacht geworfen wurde. Um dem Parteihader und dem Stimmenhandel ein Ende zu machen, erließ man endlich Verordnungen, deren große Zahl ihre Fruchtlosigkeit beweist.

In den letzten Zeiten der Republik sah man sich oft genötigt, zu außerordentlichen Maßregeln seine Zuflucht zu nehmen, um der Unzulänglichkeit der Gesetze abzuhelfen; bald ersann man Wunder, ein Mittel, das wohl imstande war, das Volk zu betrügen, aber nicht die, die es leiteten; bald berief man auf der Stelle eine Versammlung zusammen, ehe noch die Bewerber Zeit zu Umtrieben hatten; bald verbrachte man eine ganze

* *Custodes, diribitores, rogatores suffragorium*

Sitzung mit lauter Reden, sobald man gewahrte, dass das bereits gewonnene Volk im Begriff stand, einen unheilvollen Beschluss zu fassen. Allein die Ehrsucht machte schließlich doch alle diese Maßregeln vergeblich, und dank seiner alten Satzungen fuhr dieses zahllose Volk unglaublicherweise fort, trotz so vieler Missbräuche Obrigkeiten zu wählen, Gesetze zu erlassen, Prozesse zu entscheiden, Privat- und Staatsangelegenheiten zu ordnen und zwar mit beinahe ebenso großer Leichtigkeit, wie es der Senat selbst nur hätte tun können.

5. KAPITEL
Das Tribunat

Sobald zwischen den gesetzlich organisierten Teilen eines Staates kein genaues Gleichmaß hergestellt werden kann oder sobald nicht zu beseitigende Ursachen die gegenseitigen Beziehungen derselben unaufhörlich stören, setzt man eine besondere Obrigkeit ein, die mit den übrigen keinen zusammenhängenden Körper bildet, die jedes Glied wieder in sein richtiges Verhältnis stellt und ein Band oder Mittelglied zwischen dem Fürsten und dem Volk oder zwischen dem Fürsten und dem Staatsoberhaupt oder, wenn es nötig ist, zwischen beiden zugleich ausmacht.

Diese Körperschaft, die ich Tribunat nennen will, ist die erhaltende Macht der Gesetze und der gesetzgebenden Gewalt. Mitunter dient sie zum Schutz des Staatsoberhauptes gegen die Regierung, wie zu Rom die Volkstribunen; bisweilen zur Stütze der Regierung gegen das Volk, wie zu Venedig der Rat der Zehner, und in einzelnen Fällen auch zur Aufrechterhaltung des Gleichgewichtes auf beiden Seiten, wie die Ephoren in Sparta.

Das Tribunat ist kein wesentlicher Bestandteil des Gemeinwesens und darf deshalb auch weder an der gesetzgebenden noch an der vollziehenden Gewalt Anteil haben; allein gerade dadurch ist die seinige umso größer, denn obgleich es nichts tun kann, vermag es alles zu hindern. Als Verteidiger der Gesetze ist es heiliger und wird mehr in Ehren gehalten als der Fürst, der sie vollzieht, und als das Staatsoberhaupt, das sie gibt. Dies machte sich am deutlichsten in Rom bemerkbar, wenn diese stolzen Patrizier, die zu jeder Zeit das ganze Volk verachteten, gezwungen waren, sich vor einem einfachen Beamten des Volkes zu beugen, der weder Einfluss noch richterliche Gewalt besaß.

Sobald das Tribunat weise beschränkt ist, bildet es diese festeste Stütze einer guten Verfassung, verfügt es jedoch nur über etwas zu viel Gewalt, so wirft es alles über den Haufen. Schwäche liegt durchaus nicht in seiner Natur, und ist es nur erst da, so ist es nie weniger, als es sein soll.

Es artet in Tyrannei aus, sobald es sich die vollziehende Gewalt anmaßt, deren Leiter es nur sein darf, und Gesetze außer Kraft setzen will, die es nur zu beschützen hat. Die übertriebene Macht der Ephoren, die ungefährlich war, solange Sparta seine Sittenreinheit bewahrte, beschleunigte das Umsichgreifen der Verderbtheit, nachdem sie einmal begonnen hatte. Das Blut des von diesen Tyrannen gemordeten Agis wurde von seinem Nachfolger gerächt: Das Verbrechen wie die Bestrafung der Ephoren förderten in gleicher Weise den Untergang der Republik, und nach Kleomenes gab es eigentlich kein Sparta mehr. Auf gleichem Weg ging Rom seinem Untergang entgegen; die alles Maß übersteigende Gewalt der Tribunen, die sie aus eigener Machtvollkommenheit an sich gerissen hatten, diente schließlich mit Hilfe der für die Freiheit erlassenen Gesetze den

Kaisern, die die Freiheit vernichteten, zur Schutzwehr. Was den Rat der Zehner in Venedig anlangt, so ist er ein Blutgericht, den Patriziern ebenso schrecklich wie dem Volk, ein Blutgericht, das nicht etwa die Gesetze kräftig beschützt, sondern eher dazu dient, dieselben herabzuwürdigen und im Finstern Streiche zu vollführen, die man sich gar nicht zu bemerken getraut.

Wie die Regierung wird auch das Tribunat durch die Vervielfältigung seiner Glieder geschwächt. Als die römischen Volkstribunen, deren Zahl sich anfangs nur auf zwei, später auf fünf belief, letztere Zahl verdoppeln wollten, setzte ihnen der Senat kein Hindernis entgegen, da er überzeugt war, die einen durch die anderen in Schranken halten zu können, was auch nicht zu geschehen verfehlte.

Das beste Mittel, die Anmaßungen eines so furchtbaren Körpers zu verhüten, auf das bis jetzt jedoch noch keine Regierung verfallen ist, wäre, ihn nicht in steter Tätigkeit zu lassen, sondern Zwischenzeiten festzusetzen, in denen seine Tätigkeit unterbrochen wäre. Diese Zwischenzeiten, die nicht so lange währen dürften, dass sich wieder Missbräuche einschleichen könnten, müssten gesetzlich in der Weise bestimmt werden, dass es leicht wäre, sie im Notfall durch außerordentliche Ermächtigungen abzukürzen.

Dieses Mittel scheint mir ohne Nachteil, weil, wie gesagt, das Tribunat keinen Teil der Verfassung bildet und deshalb, ohne sie zu gefährden, aufgehoben werden kann, und ich halte es für wirksam, weil eine erst vor Kurzem wieder eingesetzte Obrigkeit nicht von dem Punkt der Gewalt ausgeht, auf dem sich ihre Vorgängerin befand, sondern von dem, auf den das Gesetz sie stellt.

6. KAPITEL
Die Diktatur

Die Unbeugsamkeit der Gesetze, die es ihnen unmöglich macht, sich den Ereignissen anzubequemen, kann sie in gewissen Fällen verderblich machen und durch sie bei einem Wendepunkt den Untergang des Staates verursachen. Die Ordnung und Langsamkeit der Formen verlangen einen Zeitraum, den die Umstände bisweilen verweigern. Es können sich tausenderlei Fälle darbieten, für die der Gesetzgeber nicht Fürsorge getroffen hat, und gerade das Bewusstsein, dass man nicht alles vorhersehen kann, ist die allernötigste Voraussicht.

Man darf deshalb nicht die Absicht hegen, die Staatseinrichtungen derart zu befestigen, dass man sich die Macht raubt, ihre Wirkung aufzuheben. Selbst Sparta setzte seine Gesetze zeitweise außer Kraft.

Allein nur die größten Gefahren können der einer öffentlichen Ruhestörung gleichkommen, und man darf deshalb die heilige Macht der Gesetze nie aufhalten, als wenn das Wohl des Vaterlandes es erfordert. In solchen seltenen und handgreiflichen Fällen sorgt man nun für die öffentliche Sicherheit durch einen besonderen Beschluss, der ihre Erhaltung dem Würdigsten überträgt. Dieser Auftrag kann je nach der Art der Gefahr auf zweierlei Weise erteilt werden.

Genügt zur Abhilfe eine Vermehrung der Regierungstätigkeit, so pflegt man sie in einem oder zwei Gliedern der Regierung zu vereinen, auf diese Weise schädigt man nicht das Ansehen der Gesetze, sondern ändert nur die Form ihrer Verwaltung. Ist dagegen die Gefahr derart, dass die Gesetzmaschine ein Hindernis sein würde, sich vor ihr zu schützen, dann ernennt man ein höchstes Oberhaupt, das allen Gesetzen Schweigen gebietet und für einen Augenblick die oberherrliche Gewalt aufhebt. In solchem Fall ist der allgemeine Wille nicht zweifelhaft, und die Hauptabsicht des Volkes geht offenbar darauf aus, dass der Staat nicht zugrunde geht. Die vorübergehende Aufhebung der gesetzgebenden Gewalt ist also keineswegs mit ihrer Abschaffung gleichbedeutend; die Obrigkeit, die ihr Schweigen gebietet, kann ihr nicht Sprache verleihen; sie beherrscht sie, ohne sie vertreten zu können; sie vermag alles, nur keine Gesetze zu geben.

Das erste Verfahren wandte der römische Senat an, wenn er den Konsuln unter einer feierlichen Formel den Auftrag gab, für das Heil der Republik zu sorgen. Das zweite fand statt, wenn einer der beiden Konsuln einen Diktator ernannte,* ein Gebrauch, zu dem Alba den Römern das Beispiel gegeben hatte.

Im Anfang der Republik nahm man sehr häufig zur Diktatur seine Zuflucht, weil der Staat noch nicht eine so feste Grundlage besaß, dass er sich durch die bloße Kraft seiner Verfassung hätte erhalten können.

Da die Sitten zu damaliger Zeit viele Vorsichtsmaßregeln, die zu einer anderen sehr notwendig gewesen wären, überflüssig machten, so fürchtete man weder, dass ein Diktator seine Gewalt nicht brauchen würde, noch, dass er sich versucht fühlen könnte, sie über die Zeit hinaus zu behalten. Im Gegenteil schien eine so große Macht dem damit Bekleideten zur Last zu fallen, so schnell suchte er sich ihrer wieder zu entledigen; es hatte den Anschein, als wäre es für ihn ein zu müh-

* Die Ernennung geschah des Nachts und im Geheimen, als ob man sich geschämt hätte, einen Menschen über das Gesetz zu stellen.

seliges und gefährliches Amt gewesen, die Stelle der Gesetze einzunehmen.

Auch tadle ich den allzu häufigen Gebrauch dieser höchsten obrigkeitlichen Würde in den ersten Zeiten nicht sowohl wegen der Gefahr ihres Missbrauches als wegen der Gefahr ihrer dadurch hervorgerufenen Erniedrigung. Denn wenn man sie zur Abhaltung von Wahlen, Einweihungen und zu allerlei bloßen Förmlichkeiten fortwährend verschwendete, so war zu befürchten, dass sie im Fall wirklicher Not weniger Scheu erwecken würde und man sich daran gewöhnen möchte, ein Amt, das man nur zu leeren Feierlichkeiten verwandte, auch nur als einen leeren Titel zu betrachten.

Gegen das Ende der Republik gingen die jetzt vorsichtiger gewordenen Römer mit der Diktatur ebenso sparsam um wie vorher verschwenderisch. Es ließ sich leicht einsehen, dass ihre Befürchtung unbegründet war, dass gerade die Schwäche der Hauptstadt ihre Sicherheit gegen die in ihr weilenden Obrigkeiten ausmachte, dass ein Diktator in gewissen Fällen die öffentliche Freiheit verteidigen, aber nie antasten konnte, und dass die Ketten Roms nicht in Rom selbst, sondern in seinen Heeren geschmiedet wurden. Der geringe Widerstand, den Marius dem Sulla und Pompejus dem Cäsar leistete, bewies klar, was man von der rechtmäßigen Macht im Innern gegen Gewalt von außen erwarten konnte.

Dieser Irrtum war die Quelle großer Fehler. So war es zum Beispiel ein Missgriff, dass bei der katilinarischen Verschwörung kein Diktator ernannt wurde; denn da nur das Innere der Stadt und höchstens die eine oder andere Provinz dabei im Spiel war, so hätte ein Diktator durch die schrankenlose Gewalt, die die Gesetze ihm einräumten, die Verschwörung leicht beseitigt, während sie ohne die Ernennung eines solchen nur durch ein Zusammentreffen glücklicher Zufälle, auf die menschliche Klugheit nie hätte rechnen können, erstickt wurde.

Stattdessen begnügte sich der Senat, den Konsuln seine ganze Gewalt zu übertragen, woher es kam, dass Cicero, um mit Erfolg zu handeln, gezwungen war, diese Gewalt in einem Hauptpunkt zu überschreiten, und dass man ihn, wenn man seine Handlungsweise auch unter den ersten Aufwallungen der Freude billigte, in der Folge wegen des gegen die Gesetze vergossenen Bürgerblutes mit Recht zur Rechenschaft zog, ein Vorwurf, den man gegen einen Diktator nicht hätte erheben können. Aber die Beredsamkeit des Konsuls riss alles mit fort, und da er selbst, obgleich ein Römer, seinen eigenen Ruhm mehr liebte als sein Vaterland, so suchte er zur Rettung des Staates nicht sowohl das gerechteste und sicherste Mittel als vielmehr ein solches, das ihm die meiste Aussicht zu gewähren schien, allen Ruhm in dieser Sache allein davonzutragen.* Auch wurde er mit gutem Grund als Befreier Roms geehrt und mit ebenso gutem Grund als Übertreter der Gesetze bestraft. So glänzend seine Zurückberufung auch war, so kann sie eigentlich doch nur als eine Begnadigung betrachtet werden.

Auf welche Weise dieses Amt übrigens verliehen werden möge, so kommt stets viel darauf an, seine Dauer auf einen sehr kurzen Zeitraum zu beschränken, der nie verlängert werden darf. Die entscheidenden Wendepunkte, die seine Einführung erforderlich machen, enden binnen Kurzem mit dem Untergang oder der Rettung des Staates, und über das dringende Be-

* Darauf konnte er sich keine Rechnung machen, wenn er einen Diktator vorschlug, da er nicht wagen durfte, sich selbst zu ernennen, und nicht sicher war, dass sein Kollege ihn ernennen würde.

dürfnis hinaus wird die Diktatur tyrannisch oder unnütz. Obgleich die Diktatoren in Rom nur auf sechs Monate ernannt wurden, legten die meisten ihr Amt schon vorher nieder. Wäre der Zeitraum länger gewesen, so wären sie vielleicht in Versuchung geraten, ihn noch weiter auszudehnen, wie es die Dezemvirn mit ihrer einjährigen Amtsdauer machten. Der Diktator hatte nur Zeit, die ihm gestellte Aufgabe zu erfüllen; es fehlte ihm aber die Zeit, an andere Entwürfe zu denken.

7. KAPITEL
Das Zensoramt

Wie die Darlegung des allgemeinen Willens durch das Gesetz geschieht, so geschieht die Darlegung des öffentlichen Urteils durch das Zensoramt. Die öffentliche Meinung ist eine Art Gesetz, für die der Zensor das Werkzeug ist und das er nach dem Beispiel des Fürsten nur auf einzelne Fälle anwenden darf.

Das Zensoramt ist also nicht der Herr der Volksmeinung, sondern ihr Dolmetscher, und sobald es sich von ihr entfernt, sind seine Entscheidungen nichtig und wirkungslos.

Es ist fruchtlos, die Sitten eines Volkes von den Gegenständen seiner Verehrung zu unterscheiden, denn sie beruhen auf demselben Grundsatz und gehen notwendigerweise ineinander über. Bei allen Völkern der Erde ist es nicht die Natur, sondern die Meinung, die über die Wahl ihrer Vergnügen entscheidet. Man bringe den Menschen nur richtigere Meinungen bei, so werden sich ihre Sitten von selber veredeln. Man liebt stets das Schöne oder was man dafür hält, allein in dieser Beurteilung täuscht man sich gerade; sie muss folglich berichtigt werden.

Wer über die Sitten urteilt, urteilt über die Ehre, und wer über die Ehre urteilt, lässt sich durch die Meinung bestimmen.

Die Meinungen eines Volkes bilden sich aus seiner Verfassung heraus. Obgleich das Gesetz die Sitten nicht beeinflusst, entstehen sie gleichwohl aus der Gesetzgebung. Nimmt die Gesetzgebung an Kraft ab, so arten die Sitten aus. Alsdann wird jedoch das Urteil der Zensoren nicht durchzusetzen vermögen, was die Kraft der Gesetze nicht erzielt hat.

Hieraus folgt, dass das Zensoramt wohl zur Erhaltung, nie aber zur Wiederherstellung der Sitten nützlich sein kann. Man setze Zensoren ein, solange die Gesetze noch in voller Kraft stehen; sobald sie dieselbe verloren haben, ist alles hoffnungslos; nichts Gesetzmäßiges hat mehr Gewalt, wenn die Gesetze sie nicht mehr haben.

Das Zensoramt erhält die Sittlichkeit, indem es die Meinungen vor Verschlechterung bewahrt, ihre Lauterkeit durch weise Ausführung der Gesetze erhält, ja ihnen bisweilen sogar, wenn sie noch schwankend sind, eine bestimmte Richtung gibt. Die in Frankreich bei Zweikämpfen wahrhaft leidenschaftlich beobachtete Sitte der Hinzuziehung von Sekundanten wurde lediglich durch folgende Worte eines königlichen Erlasses abgeschafft: »Was diejenigen anlangt, die die Feigheit besitzen, Sekundanten herbeizurufen …« Da dieses Urteil der allgemeinen Ansicht entgegenkam, hatte es auf sie mit einem Mal einen entscheidenden Einfluss. Als jedoch die gleichen Erlasse jeden Zweikampf schon an sich als eine Feigheit hinstellen wollten, was vollkommen wahr ist, aber der allgemeinen Ansicht zuwiderläuft, wurde diese Entscheidung in einer Angelegenheit, über die sich das Publikum bereits sein eigenes Urteil gebildet hatte, ein Gegenstand allgemeinen Spottes.

An einer anderen Stelle* habe ich behauptet, dass die öffentliche Meinung keinem Zwang unterworfen sei und sich aus diesem Grund auch in dem zu ihrer Vertretung bestimmten Gerichtshof keine Spur von Zwang finden dürfe. Man kann nicht genug bewundern, mit welcher Kunst diese heutzutage völlig verlorengegangene Triebfeder bei den Römer und noch mehr bei den Lakedämoniern benutzt wurde.

Wenn ein Mensch von schlechten Sitten zu Sparta eine gute Ansicht im Rat ausgesprochen hatte, so ließen die Ephoren, ohne sie zu beachten, die gleiche Ansicht von einem tugendhaften Mann noch einmal zum Vortrag bringen. Welche Ehre für Letzteren, welcher Schimpf für Ersteren, ohne dass doch gegen einen von beiden ein Wort des Lobes oder des Tadels gesagt worden wäre! Einige Trunkenbolde zu Samos verunreinigten den Gerichtshof der Ephoren; schon am folgenden Tag wurde den Samiern durch einen öffentlichen Erlass gestattet, sich schmutzig zu betragen. Eine wirkliche Züchtigung wäre nicht so streng gewesen wie eine derartige Straflosigkeit. Wenn Sparta erklärt hat, was anständig oder unanständig ist, verzichtet Griechenland auf sein eigenes Urteil.

8. KAPITEL
Die bürgerliche Religion

Im Anfang hatten die Menschen keine anderen Könige als die Götter und keine andere Regierung als die theokratische. Sie teilten Caligulas Anschauung und schlossen ganz richtig. Es be-

* Ich gebe hier nur kurz an, was ich in dem Brief an d'Alembert ausführlich behandelt habe.

darf einer langwierigen Umwandlung der Gefühle und Begriffe, ehe man sich entschließen kann, einen seinesgleichen als Herrn anzunehmen, und sich einzureden, dass man sich dabei wohlbefinden werde.

Schon daraus allein, dass man Gott an die Spitze jeder politischen Gesellschaft stellte, folgte, dass es ebenso viele Götter wie Völker gab. Zwei einander fremde und fast immer feindselig gesinnte Völker konnten nicht auf die Dauer einen und denselben Herrn anerkennen; zwei Heere, die sich eine Schlacht liefern, sind außerstande, demselben Feldherrn zu gehorchen. So ging aus der Scheidung der Völker die Vielgötterei hervor und aus dieser wieder die religiöse und bürgerliche Unduldsamkeit, die, wie ich später nachweisen werde, ihrem Wesen nach identisch sind.

Der Wahn der Griechen, bei den barbarischen Völkern ihre eigenen Götter wiederzufinden, war die Folge jenes anderen Wahnes, den sie hegten, dass sie sich als die natürlichen Oberherren dieser Völker betrachteten. Eine höchst lächerliche Lehre ist es aber, wenn man in unseren Tagen die Identität der Götter bei den verschiedenen Nationen behaupten will; als ob Moloch, Saturn und Kronos der gleiche Gott sein könnten! Als ob der Baal der Phönizier, der Zeus der Griechen und der Jupiter der Lateiner dasselbe Wesen wären! Als ob eingebildete Wesen, die verschiedene Namen führen, irgendetwas unter sich gemeinsam haben könnten!

Wenn man fragt, weshalb im Heidentum, wo jeder Staat seinen eigenen Kultus und seine eigenen Götter hatte, doch keine Religionskriege* vorkamen, so erwidere ich, dass dies gerade

* Es ist ganz klar, dass der sogenannte heilige Krieg gegen die Phocier kein Religionskrieg war. Er bezweckte Tempelräuber zu bestrafen und nicht Ungläubige zu unterwerfen.

daher kam, weil jeder Staat ebenso gut seinen eigenen Kultus wie seine eigene Regierungsform hatte und folglich zwischen seinen Göttern und seinen Gesetzen keinen Unterschied machte. Der politische Krieg wurde auch auf dem religiösen Gebiet ausgefochten und den Göttern ihre Machtsphäre gleichsam nach den Grenzen der Völker bestimmt. Der Gott des einen Volkes hatte kein Recht über die anderen Völker. Die Götter der Heiden waren keine eifrigen Götter; sie teilten die Herrschaft der Welt unter sich; selbst Moses und das hebräische Volk gaben sich bisweilen dieser Vorstellung hin, indem sie vom Gott Israels sprachen. Sie betrachteten die Götter der Kanaaniter allerdings als nichtig, denn ihnen galten diese Völker für geächtet, dem Untergang geweiht und dazu bestimmt, von ihnen verdrängt zu werden; aber man sehe, wie sie von den Gottheiten der Nachbarvölker sprechen, die anzugreifen ihnen verboten war. »Du solltest die einnehmen«, sagte Jephta zu den Ammonitern (nach der lutherischen Bibelübersetzung), »die kein Gott Chamos vertriebe, und uns lassen einnehmen alle, die der Herr, unser Gott, vor uns vertrieben hat.«* Darin lag meines Erachtens eine völlig anerkannte Gleichheit zwischen den Rechten des Chamos und denen des Gottes Israels.

Als jedoch die Juden, nachdem sie von den babylonischen und später von den syrischen Königen unterworfen worden waren, mit größter Hartnäckigkeit keinen anderen Gott als den ihrigen anerkennen wollten, wurde diese Weigerung für eine Empörung gegen den Sieger angesehen und zog ihnen die in ihrer Geschichte aufbewahrten Verfolgungen zu, von denen sich vor dem Christentum kein zweites Beispiel findet.

* *Nonne ea, quae possidet Chamos deus tuus, tibi iure debentur?* (Jud. XI, 24) So lautet die Übersetzung der Vulgata.

Da also jede Religion einzig und allein an die Gesetze des Staates, der sie vorschrieb, gebunden war, so gab es keinen anderen Weg zur Bekehrung eines Volkes als seine Unterwerfung und keine anderen Glaubensboten als die Eroberer. Da die Verpflichtung zur Glaubensänderung ein Gebot für die Besiegten war, so musste man also erst den Sieg davongetragen haben, ehe davon die Rede sein konnte. Nicht die Menschen kämpften für die Götter, sondern die Götter stritten wie im Homer für die Menschen; jeder betete zu dem seinigen um den Sieg und bezahlte denselben durch neue Altäre. Ehe die Römer einen Ort einnahmen, forderten sie dessen Götter auf, ihn zu verlassen; und als sie den Tarentinern ihre erzürnten Götter ließen, so geschah es, weil sie diese Götter für den ihrigen unterworfen und ihnen zu huldigen gezwungen hielten. Sie ließen den Besiegten ihre Götter, wie sie ihnen ihre Gesetze ließen. Eine Krone für den Jupiter Capitolinus war oft der einzige Tribut, den sie ihnen auflegten.

Da die Römer schließlich außer ihrer Herrschaft auch noch ihren Kultus und ihre Götter weithin verbreitet und oft selbst die Götter der Besiegten angenommen hatten, indem sie den einen wie den anderen das Bürgerrecht bewilligten, so befanden sich die Völker dieses unermesslichen Reiches unmerklich im Besitz einer Unzahl von Göttern und Kulten, die fast überall einander gleich waren. Auf diese Weise gestaltete sich endlich das Heidentum auf der ganzen bekannten Erde zu ein und derselben Religion.

Unter solchen Umständen gründete Jesus ein geistiges Reich auf Erden, das durch die Trennung des theologischen Systems vom politischen die Einheit des Staates aufhob und jene inneren Spaltungen hervorrief, die nie aufgehört haben, die christlichen Völker zu beunruhigen. Da nun die Heiden für diese neue Vorstellung von einem überirdischen Reich völlig unempfänglich waren, so sahen sie die Christen immer als echte Empörer an, die unter einer erheuchelten Unterwürfigkeit nur auf den Augenblick warteten, sich unabhängig und zu Gebietern zu machen und die Gewalt, die sie in ihrer Schwäche scheinbar achteten, auf geschickte Weise an sich zu reißen. Dies war die Ursache der Christenverfolgungen.

Was die Heiden befürchtet hatten, geschah. Alles veränderte damals seine Gestalt; die demütigen Christen führten plötzlich eine andere Sprache, und das vorgeblich überirdische Reich sah man sich in kurzer Zeit unter einem sichtbaren Oberhaupt in das despotische Reich dieser Welt verwandeln.

Da es jedoch noch immer ein Staatsoberhaupt und bürgerliche Gesetze gab, so ging aus dieser zwiefachen Gewalt ein unaufhörlicher Konflikt hervor, der in den christlichen Staaten jede gesunde Staatsverfassung unmöglich machte, und nie hat man sich letzten Endes darüber klar werden können, ob man dem Herrn oder dem Priester zu gehorchen verpflichtet war.

Mehrere Völker sowohl in Europa wie in den angrenzenden Ländern bemühten sich allerdings, das alte System aufrechtzuerhalten oder wieder einzuführen, allein ohne Erfolg; der Geist des Christentums trug überall den Sieg davon. Der geheiligte Kultus bewahrte oder gewann doch wenigstens seine Unabhängigkeit vom Staatsoberhaupt immer bald wieder und stand nie in der so notwendigen Verbindung mit dem Staatskörper. Mohammed hatte hierin einen sehr scharfen Blick, er gab seinem politischen System einen festen Zusammenhang, und solange sich die Form seiner Regierung unter seinen Nachfolgern, den Kalifen, erhielt, war diese Regierung eine einheitliche und in dieser Beziehung gute. Nachdem aber die Araber üppig, gelehrt, gebildet, weichlich und feige geworden waren, wurden sie von Barbaren unterjocht, und nun ging die Trennung der beiden Gewalten von Neuem vor sich. Obgleich sie bei den Mohammedanern weniger zutage tritt als bei den Christen, so ist sie trotzdem auch bei ihnen vorhanden, namentlich in der Sekte des Ali; es gibt Staaten, wie Persien, wo sie sich unaufhörlich fühlbar macht.

In Europa machten sich die Könige von England zu Oberhäuptern der Kirche, und die Zare folgten ihrem Beispiel; aber durch Annahme dieses Titels traten sie keineswegs als Herren, sondern eher als Diener der Kirche auf; sie erlangten nicht das Recht, Änderungen in ihr vorzunehmen, sondern nur die Gewalt, sie zu schützen; in kirchlichen Angelegenheiten sind sie nicht die Gesetzgeber, sondern nur Fürsten. Überall, wo die Geistlichkeit einen festen Körper* bildet, ist sie Herrin und Gesetzgeberin auf ihrem Gebiet. Es gibt folglich in England und Russland wie sonst überall zwei Gewalten und zwei Staatsoberhäupter.

Unter allen christlichen Schriftstellern ist der Philosoph Hobbes der Einzige, der sowohl das Übel wie das Heilmittel richtig erkannte und sich den Vorschlag zu machen getraute,

* Man muss wohl beachten, dass die Geistlichkeit nicht sowohl durch förmliche Versammlungen , wie sie in Frankreich üblich sind, in einen Körper vereinigt wird, als vielmehr durch die Gemeinschaft der Kirche. Die Gemeinschaft und die Ausstoßung aus derselben sind der Gesellschaftsvertrag der Geistlichkeit, ein Vertrag vermittels dessen sie stets die Beherrscherin der Könige und Völker sein wird. Alle Geistlichen, die derselben Gemeinschaft angehören, sind Mitbürger, auch wenn sie an den entgegengesetzten Enden der Welt lebten. Dieses Mittel ist ein Meisterstück der Politik. Unter den heidnischen Priestern gab es nichts Ähnliches; auch bildeten sie nie eine geistliche Körperschaft.

die beiden Köpfe des Adlers wieder zu vereinigen und alles zur politischen Einheit zurückzuführen, ohne die es dem Staat wie der Regierung immer an einer guten Verfassung fehlen wird. Er hat aber einsehen müssen, dass sich der herrschsüchtige Geist des Christentums mit seinem System nicht in Einklang bringen ließ und der Vorteil des Priesters stets den des Staates überwiegen würde. Nicht sowohl das Abscheuliche und Verkehrte in seiner Politik, sondern das Gute und Wahre in ihr hat sie verhasst gemacht.*

Ich glaube, dass man bei einer Entwicklung der geschichtlichen Tatsachen von diesem Gesichtspunkt aus die entgegengesetzten Ansichten Bayles und Warburtons leicht zu widerlegen imstande wäre. Ersterer behauptet, dass dem Staatskörper keine Religion vorteilhaft sei, während Letzterer in dem Christentum die festeste Stütze desselben erblickt. Gegen Bayle könnte man den Beweis führen, dass noch nie ein Staat gegründet wurde, dem die Religion nicht als Grundlage diente, und gegen Warburton, dass die christliche Sittenlehre einer kräftigen Staatsverfassung im Grunde genommen mehr nachteilig als nützlich ist. Um mich vollends verständlich zu machen, ist es nötig, dass ich die allzu unbestimmten Begriffe von Religion, soweit sie meinen Gegenstand berühren, etwas genauer definiere.

In ihrer Beziehung zur Gesellschaft betrachtet, die entweder eine allgemeine oder eine private ist, lässt sich auch die Religion in zwei Gattungen teilen, und zwar in die Religion des Menschen und in die des Staatsbürgers. Die erste, die sich von Tem-

* Man sehe unter anderem in einem Brief von Grotius an seinen Bruder vom 11. April 1643, was jener Gelehrte in dem Werk »De cive« billigt und was er tadelt. Zur Nachsicht geneigt, scheint er allerdings das Böse um des Guten willen zu verzeihen, aber so gnädig ist nicht jedermann.

peln, Altären und kirchlichen Gebräuchen frei erhält und sich einzig und allein auf die innere Verehrung des höchsten Gottes und die ewigen Pflichten der Moral beschränkt, ist die reine, einfache Religion des Evangeliums, der wahre Gottesglaube, und könnte das göttliche Naturrecht genannt werden. Die andere, die auf ein einziges Land beschränkt ist, gibt diesem seine besonderen Götter und Schutzpatrone. Sie hat ihre Glaubensätze, ihre Gebräuche und ihren gesetzlich vorgeschriebenen äußeren Gottesdienst. Mit Ausnahme des Volkes allein, das sich zu ihr bekennt, gilt ihr jedes andere für ungläubig, fremd und barbarisch; sie dehnt die Pflichten und Rechte des Menschen nur so weit aus, wie ihre Altäre reichen. So waren sämtliche Religionen der ältesten Völker, die man auch das staatsbürgerliche oder das dogmatische göttliche Recht nennen kann.

Dazu tritt eine dritte, noch seltsamere Religionsweise, die dadurch, dass sie den Menschen zwei Gesetzgebungen, zwei Oberhäupter und zwei Vaterländer gibt, sie widersprechenden Gesetzen unterwirft und es ihnen unmöglich macht, gleichzeitig fromme Glieder der Kirche und gute Staatsbürger zu sein. Zu dieser Klasse gehört die Religion der Lamas und der Japaner sowie der Katholizismus. Man kann Letzteren Priesterreligion nennen. Aus ihm geht ein gemischtes, jeder Gesellschaft widerstreitendes Recht hervor, das sich mit keinem bestimmten Namen bezeichnen lässt.

Vom politischen Standpunkt aus betrachtet haben alle diese drei Religionsarten ihre Fehler. Die dritte ist so offenbar schlecht, dass ein besonderer Beweis davon reine Zeitverschwendung wäre. Alles, was die gesellschaftliche Einheit zerreißt, ist wertlos; alle Einrichtungen, die den Menschen mit sich selbst in Widerspruch setzen, sind wertlos.

Die zweite hat das Gute, dass sie neben der Gottesverehrung die Liebe zu den Gesetzen pflegt; indem sie das Vaterland zum Gegenstand der Verehrung macht, gibt sie den Bürgern die Lehre, dass jeder dem Vaterland geleistete Dienst zugleich ein dem Schutzgott dargebrachter ist. Es ist eine Art Theokratie, in der man keinen anderen Hohepriester als den Fürsten und keine anderen Priester als die Obrigkeiten haben darf. Der Tod für das Vaterland ist nun ein Märtyrertod, die Gesetzesübertretung eine Entheiligung, und die öffentliche Verwünschung eines Schuldigen die Herabrufung des Ingrimmes der Götter auf sein Haupt: *sacer esto!*

Ihr Schlechtes liegt jedoch darin, dass sie auf Irrtum und Lüge gegründet ist und folglich die Menschen irreleitet, zum Aberglauben verführt und die wahre Gottesverehrung in ein nichtiges Zeremonienwesen versinkt. Schlecht ist sie ferner, wenn sie ausschließend und tyrannisch wird und das Volk in dem Grad blutdürstig und unduldsam macht, dass es nur noch Mord und Totschlag atmet und durch Ausrottung aller, die nicht an seine Götter glauben, ein heiliges Werk zu tun glaubt. Dadurch wird ein solches Volk in einen natürlichen Kriegszustand mit allen anderen versetzt, der seiner eigenen Sicherheit höchst gefährlich ist.

Mithin bleibt nur noch die Religion des Menschen oder das Christentum übrig, nicht das jetzige, sondern das des Evangeliums, das davon wesentlich verschieden ist. Durch diese heilige, erhabene, wahre Religion erkennen sich die Menschen, die alle Kinder eines und desselben Gottes sind, als Brüder an, und das Band, das sie vereint, wird nicht einmal im Tod gelöst.

Da diese Religion jedoch mit dem politischen Körper in gar keiner Beziehung steht, so lässt sie den Gesetzen lediglich die

Kraft, die sie aus sich selbst ziehen, ohne ihnen irgendeine neue zu verleihen, und dadurch bleibt eines der wichtigsten Bande jeder besonderen Gesellschaftsform ohne Wirkung. Noch mehr: Sie fesselt die Herzen der Bürger nicht an den Staat, sondern wendet sie vielmehr von ihm wie von allen anderen irdischen Dingen ab. Ich kenne nichts, was dem gesellschaftlichen Geist mehr widerstreitet.

Man wird mir entgegnen, dass ein Volk von wahren Christen die vollkommenste Gesellschaft sein würde, die sich denken ließe. Bei dieser Annahme sehe ich nur eine große Schwierigkeit: Nach meinem Erachten würde eine Gesellschaft von wahren Christen keine Gesellschaft von Menschen mehr sein.

Ich behaupte sogar, dass eine derartige Gesellschaft trotz aller ihrer Vollkommenheit weder die stärkste noch die dauerhafteste sein würde. Infolge ihrer Vollkommenheit würde es ihr an Verbindung und Zusammenhang fehlen; ihre Vollkommenheit selbst würde ihren Untergang herbeiführen.

Jeder würde seine Pflicht erfüllen; das Volk würde den Gesetzen gehorsam, die Oberhäupter würden gerecht und gelind, die Beamten sittenrein und unbestechlich sein. Die Soldaten würden den Tod verachten; es gäbe weder Eitelkeit noch Luxus. Das ist alles höchst vortrefflich, aber sehen wir uns ein wenig weiter um.

Das Christentum ist eine durchaus geistige Religion, die sich einzig und allein mit himmlischen Dingen beschäftigt; die Heimat des Christen ist nicht auf unserer Welt. Er erfüllt allerdings seine Pflicht, aber er tut sie mit der tiefsten Gleichgültigkeit gegen den guten oder bösen Ausgang seiner Bestrebungen. Sobald er sich keinen Vorwurf zu machen braucht, so kümmert es ihn wenig, ob hienieden alles gut oder übel geht. Befindet sich der

Staat in blühendem Zustand, so hat er kaum den Mut, die allgemeine Glückseligkeit zu genießen; er ist besorgt, auf den Ruhm seines Landes stolz zu werden; geht der Staat zugrunde, so segnet er die Hand Gottes, die schwer auf seinem Volk ruht.

Damit eine solche Gesellschaft in Frieden lebte und ihre Eintracht sich erhielte, müssten sämtliche Bürger ohne Ausnahme gleich gute Christen sein; fände sich indessen unglücklicherweise unter ihnen auch nur ein einziger Ehrgeiziger, ein einziger Heuchler, etwa ein Catilina oder ein Cromwell, so würde er seinen frommen Landsleuten sicherlich übel mitspielen. Die christliche Liebe gestattet nicht, sofort Böses von seinem Nächsten zu denken. Sobald er durch irgendeine List die Kunst entdeckt hat, sie hinter das Licht zu führen und einen Teil der Staatsgewalt an sich zu reißen, so hat er seine Würde gesetzmäßig erlangt. Gott verlangt, dass man ihn achte. Nun steht er als eine Macht da, und es ist Gottes Wille, dass man ihm gehorche. Missbraucht der Träger einer solchen Gewalt dieselbe, so ist er die Geißel, mit der Gott seine Kinder züchtigt. Man würde sich ein Gewissen daraus machen, den Usurpator zu verjagen; man müsste die öffentliche Ruhe stören, Gewalt anwenden und Blut vergießen, was mit der christlichen Sanftmut schlecht vereinbar ist. Und von dem allen abgesehen: Was liegt auch wohl daran, ob man in diesem Jammertal ein freier Mann oder ein Sklave ist? Die Hauptsache ist, ins Himmelreich zu kommen, und dazu ist Entsagung nur ein Mittel mehr.

Entsteht irgendein auswärtiger Krieg, so ziehen die Staatsbürger furchtlos in den Kampf; keiner denkt an Flucht; sie tun ihre Schuldigkeit, aber ohne Leidenschaft für den Sieg; sie verstehen besser zu sterben als zu siegen. Was kommt darauf an, ob sie siegen oder besiegt werden? Weiß die Vorsehung nicht besser als sie, was ihnen not tut? Stelle man sich nun vor, mit welchem Erfolg sich ein stolzer ungestümer und leidenschaftlicher Feind ihren Stoizismus zu Nutzen machen kann! Stellt ihnen jene mutigen Völker gegenüber, die glühende Ruhmbegier und Vaterlandsliebe verzehrt, denkt euch eure christliche Republik im feindlichen Zusammentreffen mit Sparta oder Rom, und die frommen Christen sind geschlagen, vernichtet und zerstreut, ehe sie nur Zeit hätten, zur Besinnung zu kommen, oder sie verdanken ihre Rettung nur der Verachtung, die sie ihrem Feind einflößen. Meines Erachtens legten die Soldaten des Fabius einen schönen Eid ab; sie schwuren nicht, zu sterben oder zu siegen, sondern als Sieger heimzukehren, und hielten ihren Schwur. Nie hätten Christen einen solchen Eid abgelegt; sie würden ihn für eine Versuchung Gottes gehalten haben.

Ich irre mich indessen, wenn ich von einer christlichen Republik rede, jedes dieser beiden Worte schließt das andere aus. Das Christentum predigt nur Knechtschaft und Unterwürfigkeit. Sein Geist ist der Tyrannei zu günstig, als dass sie nicht immer suchen sollte, daraus Gewinn zu ziehen. Die aufrichtigen Christen sind dazu geschaffen, Sklaven zu sein, sie wissen es auch und beunruhigen sich darüber kaum, da dieses kurze Erdenleben einen zu geringen Wert in ihren Augen hat.

Die christlichen Soldaten sollen vortrefflich sein. Ich leugne es; man möge mir erst solche ausgezeichneten Truppen zeigen, denn ich für meine Person kenne wenigstens keine. Man wird mir die Kreuzzüge nennen. Ohne die Tapferkeit der Kreuzfahrer in Abrede zu stellen, will ich nur bemerken, dass sie nicht Christen, sondern vielmehr priesterliche Soldaten, Bürger der Kirche waren; sie schlugen sich für ihr geistiges Reich, das sie, man weiß nicht wie, in ein weltliches umgewandelt hatten.

Recht betrachtet, haben wir es hier nur mit einem Rückfall in das Heidentum zu tun; da das Evangelium keine Nationalregierung stiftete, so ist unter Christen jeder heilige Krieg unmöglich.

Unter den heidnischen Kaisern waren die christlichen Soldaten tapfer; alle christlichen Schriftsteller versichern es, und ich glaube es gern; es war ein Wetteifer der Ehre gegen die heidnischen Truppen. Sobald die Kaiser Christen geworden waren, hörte dieser Wetteifer auf, und als erst das Kreuz den Adler verdrängt hatte, war es mit der römischen Tapferkeit für immer zu Ende.

Lassen wir jedoch die politischen Betrachtungen beiseite und kommen wir auf das Recht zurück, um die Grundsätze in einer so wichtigen Angelegenheit festzustellen. Das Recht, das der Gesellschaftsvertrag dem Staatsoberhaupt über die Untertanen gibt, erstreckt sich, wie gesagt, nicht über die Grenzen des Staatswohles hinaus.* Die Untertanen sind dem Staatsoberhaupt mithin nur insoweit Rechenschaft über ihre Ansichten schuldig, als sich dieselben auf das Gemeinwesen beziehen. Für den Staat ist es allerdings von großer Wichtigkeit, dass sich ein jeder Bürger zu einer Religion bekennt, die ihn seine Pflichten liebgewinnen lässt. Die Glaubensätze dieser Religion gehen dagegen den Staat und dessen Glieder nur insofern etwas an, als sie die Moral und die Pflichten betreffen, die der Bekenner gegen an-

* »In der Republik«, sagt der Marquis d'Argenson, »ist jeder in dem, was dem anderen nicht schadet, vollkommen frei.« Dies ist ein für alle Mal die Grenze; man kann sie nicht genauer ziehen. Ich konnte mich nicht des Vergnügens erwehren, dieses Manuskript bisweilen auszuführen, obgleich es dem Publikum unbekannt ist, um dem Andenken eines berühmten und hochgeachteten Mannes, der sich noch als Minister ein echtes Bürgerherz und richtige und gesunde Anschauungen über die Regierung seines Landes bewahrte, Ehre zu erweisen.

dere zu erfüllen hat. Sonst kann jeder glauben, was er will, ohne dass dem Staatsoberhaupt das Recht zusteht, sich danach zu erkundigen, denn da er in der anderen Welt keine Befugnis hat, so braucht er sich um das Los seiner Untertanen in dem zukünftigen Leben nicht zu kümmern, wenn sie nur in dem irdischen gute Bürger sind.

Es gibt demnach ein rein bürgerliches Glaubensbekenntnis, und die Festsetzung seiner Artikel ist lediglich Sache des Staatsoberhauptes. Es handelt sich hierbei also nicht eigentlich um Religionslehren, sondern um allgemeine Ansichten, ohne deren Befolgung man weder ein guter Bürger noch ein treuer Untertan sein kann.* Ohne jemand zwingen zu können, sie zu glauben, darf der Staat jeden, der sie nicht glaubt, verbannen, zwar nicht als einen Gottlosen, wohl aber als einen, der den Gesellschaftsvertrag verletzt, der unfähig ist, Gesetze und Gerechtigkeit aufrichtig zu lieben und im Notfall sein Leben seiner Pflicht zu opfern. Sobald sich jemand nach öffentlicher Anerkennung dieser bürgerlichen Glaubensartikel doch als Ungläubiger zu erkennen gibt, so verdient er die Todesstrafe; er hat das größte aller Verbrechen begangen, er hat einen wissentlichen Meineid im Angesicht der Gesetze geleistet.

Die Lehrsätze der bürgerlichen Religion müssen einfach, gering an Zahl und bestimmt ausgedrückt sein und keiner Auslegungen und Erklärungen bedürfen. Das Dasein einer allmäch-

* Als Cäsar bei der Verteidigung des Catalina den Satz von der Sterblichkeit der Seele aufzustellen suchte, verloren Cato und Cicero zu seiner Widerlegung die Zeit nicht mit philosophischen Erörterungen, sondern begnügten sich, den Nachweis zu liefern, dass Cäsar als schlechter Bürger spräche und eine dem Staat verderbliche Lehre aufstellte. In der Tat hatte der römische Senat auch nur hierüber und nicht über eine theologische Streitfrage zu entscheiden.

tigen, weisen, wohltätigen Gottheit, einer alles umfassenden Vorsehung; ein zukünftiges Leben, die Belohnung der Gerechten und Bestrafung der Gottlosen, die Heiligkeit des Gesellschaftsvertrages und der Gesetze, das sind positive und untrügliche Glaubenssätze. Was die negativen anlangt, so beschränke ich sie auf einen einzigen, die Unduldsamkeit. Sie ist eine Eigentümlichkeit der von uns verworfenen Religionsformen.

Wer die bürgerliche und kirchliche Unduldsamkeit voneinander unterscheidet, irrt sich meiner Ansicht nach. Beide sind unzertrennlich. Es ist unmöglich, mit Leuten, die man für verdammt hält, in Frieden zu leben; sie lieben hieße Gott hassen, der sie bestraft. Es bleibt keine andere Wahl, als sie zu bekehren oder zu peinigen. Überall, wo kirchliche Unduldsamkeit herrscht, muss sie notwendigerweise auf bürgerliche Verhältnisse Einfluss ausüben,* und sobald sie den gewonnen hat, ist das

* Die Ehe hat zum Beispiel, da sie ein bürgerlicher Akt ist, auch bürgerliche Folgen, ohne welche die Gesellschaft unmöglich bestehen kann. Nehmen wir nun an, dass es der Geistlichkeit gelänge, sich allein das Recht zur Abschließung des Ehevertrages anzueignen, ein Recht, das sie in jeder unduldsamen Religion sicherlich an sich reißen wird, liegt es dann nicht auf der Hand, dass sie durch rechtzeitige Geltendmachung der kirchlichen Gewalt die des Fürsten vollkommen aufheben wird, da ihm nur so viele Untertanen bleiben werden, als ihm die Geistlichkeit freiwillig lässt? Allein dazu befugt, die Leute zur Verehelichung zuzulassen oder von ihr auszuschließen, je nachdem sie dieser oder jener Glaubensrichtung folgen, dieses oder jenes Bekenntnis annehmen oder verwerfen und je nachdem sie ihr mehr oder weniger ergeben sind, wird dann nicht sicherlich die Geistlichkeit, sobald sie nur klug und beharrlich verfährt, allein über Erbschaften, Ämter, Staatsbürger, ja über den Staat selber entscheiden, der bei seiner Zusammensetzung aus lauter Bastarden gar nicht bestehen könnte? Allein, wird man mir einwenden, dann wird man doch dagegen als einen groben Missbrauch Verwahrung einlegen, gerichtliche Schritte tun, Beschlüsse fassen, das

Staatsoberhaupt nicht mehr Staatsoberhaupt, nicht einmal im Weltlichen, von dem Augenblick an sind die Priester die wahren Herren, und die Könige nur noch ihre Diener.

In der Gegenwart, wo es keine ausschließliche Nationalreligion mehr gibt noch geben kann, muss man alle Kulte dulden, die die anderen dulden, sobald ihre Dogmen den staatsbürgerlichen Pflichten nicht widerstreiten. Wer sich aber zu sagen erdreistet: Außer der Kirche gibt es kein Heil, der muss aus dem Staat verwiesen werden, sofern nicht der Staat die Kirche, und der Fürst der Hohepriester wäre. Ein solches Dogma steht nur mit einer theokratischen Verfassung im Einklang; in jeder anderen ist es verderblich. Der Grund, aus dem Heinrich IV. zur katholischen Kirche übergetreten sein soll, müsste jeden anständigen Mann und namentlich jeden denkenden Fürsten zum Austritt aus ihr bestimmen.

9. KAPITEL
Schluss

Nachdem ich die wahren Grundsätze des Staatsrechts festgestellt und mich bemüht habe, dem Staat durch sie eine feste Grundlage zu geben, würde nur noch übrigbleiben, ihm durch seine

weltliche Einkommen der Geistlichkeit mit Beschlag belegen. Wie jämmerlich! Besitzt die Geistlichkeit wenn auch nicht gerade Mut, so doch nur gesunden Menschenverstand, so wird sie alles seinen Weg gehen lassen, wird ruhig Verwahrung einlegen, gerichtliche Schritte tun, Beschlüsse fassen, und wird schließlich doch die Herrschaft in der Hand behalten. Es ist meines Bedünkens kein großes Opfer, wenn man einen Teil hingibt, sobald man sicher ist, das Ganze als Beute zu erhalten.

äußeren Beziehungen feste Stützen aufzurichten, was freilich ein Eingehen auf das Völkerrecht, den Handel, das Kriegs- und Eroberungsrecht, das öffentliche Recht, auf Bündnisse, Unterhandlungen, Verträge usw. erfordern würde. Allein dies alles bildet ein neues, für meinen beschränkten Blick zu weites Feld; ich hätte ihn überhaupt nicht zu weit hinauswerfen sollen.

ENDE